T&P BOOKS

I0150773

# ARABE
## VOCABULAIRE

POUR L'AUTOFORMATION

# FRANÇAIS
# ARABE

Les mots les plus utiles
Pour enrichir votre vocabulaire et aiguiser
vos compétences linguistiques

**7000 mots**

**Vocabulaire Français-Arabe Égyptien pour l'autoformation - 7000 mots**
**Dictionnaire thématique**

Par Andrey Taranov

Les dictionnaires T&P Books ont pour but de vous aider à apprendre, à mémoriser et à réviser votre vocabulaire en langue étrangère. Ce dictionnaire thématique couvre tous les grands domaines du quotidien: l'économie, les sciences, la culture, etc ...

Acquérir du vocabulaire avec les dictionnaires thématiques T&P Books vous offre les avantages suivants:

- Les données d'origine sont regroupées de manière cohérente, ce qui vous permet une mémorisation lexicale optimale
- La présentation conjointe de mots ayant la même racine vous permet de mémoriser des groupes sémantiques entiers (plutôt que des mots isolés)
- Les sous-groupes sémantiques vous permettent d'associer les mots entre eux de manière logique, ce qui facilite votre consolidation du vocabulaire
- Votre maîtrise de la langue peut être évaluée en fonction du nombre de mots acquis



T&P Books Publishing
www.tpbooks.com

ISBN: 978-1-78716-792-6

Ce livre existe également en format électronique.
Pour plus d'informations, veuillez consulter notre site: www.tpbooks.com ou rendez-vous sur ceux des grandes librairies en ligne.

# VOCABULAIRE ARABE ÉGYPTIEN POUR L'AUTOFORMATION
## Dictionnaire thématique

Les dictionnaires T&P Books ont pour but de vous aider à apprendre, à mémoriser et à réviser votre vocabulaire en langue étrangère. Ce lexique présente, de façon thématique, plus de 7000 mots les plus fréquents de la langue.

- Ce livre comporte les mots les plus couramment utilisés
- Son usage est recommandé en complément de l'étude de toute autre méthode de langue
- Il répond à la fois aux besoins des débutants et à ceux des étudiants en langues étrangères de niveau avancé
- Il est idéal pour un usage quotidien, des séances de révision ponctuelles et des tests d'auto-évaluation
- Il vous permet de tester votre niveau de vocabulaire

**Spécificités de ce dictionnaire thématique:**

- Les mots sont présentés de manière sémantique, et non alphabétique
- Ils sont répartis en trois colonnes pour faciliter la révision et l'auto-évaluation
- Les groupes sémantiques sont divisés en sous-groupes pour favoriser l'apprentissage
- Ce lexique donne une transcription simple et pratique de chaque mot en langue étrangère

**Ce dictionnaire comporte 198 thèmes, dont:**

les notions fondamentales, les nombres, les couleurs, les mois et les saisons, les unités de mesure, les vêtements et les accessoires, les aliments et la nutrition, le restaurant, la famille et les liens de parenté, le caractère et la personnalité, les sentiments et les émotions, les maladies, la ville et la cité, le tourisme, le shopping, l'argent, la maison, le foyer, le bureau, la vie de bureau, l'import-export, le marketing, la recherche d'emploi, les sports, l'éducation, l'informatique, l'Internet, les outils, la nature, les différents pays du monde, les nationalités, et bien d'autres encore ...

# TABLE DES MATIÈRES

# GUIDE DE PRONONCIATION

| Alphabet phonétique T&P | Exemple en arabe égyptien | Exemple en français |
|---|---|---|
| [a] | [ṭaffa] طفّى | classe |
| [ā] | [exṭār] إختار | camarade |
| [e] | [setta] ستّة | équipe |
| [i] | [minā'] ميناء | stylo |
| [ī] | [ebrīl] إبريل | industrie |
| [o] | [oɣosṭos] أغسطس | normal |
| [ō] | [ḥalazōn] حلزون | tableau |
| [u] | [kalkutta] كلكتا | boulevard |
| [ū] | [gamūs] جاموس | sucre |
| [b] | [bedāya] بداية | bureau |
| [d] | [sa'āda] سعادة | document |
| [ḍ] | [waḍ'] وضع | [d] pharyngale |
| [ʒ] | [arʒantīn] الأرجنتين | jeunesse |
| [ẓ] | [ẓahar] ظهر | [z] pharyngale |
| [f] | [xafīf] خفيف | formule |
| [g] | [bahga] بهجة | gris |
| [h] | [ettegāh] إتّجاه | [h] aspiré |
| [ḥ] | [ḥabb] حبّ | [h] pharyngale |
| [y] | [dahaby] ذهبي | maillot |
| [k] | [korsy] كرسي | bocal |
| [l] | [lammaḥ] لمّح | vélo |
| [m] | [marṣad] مرصد | minéral |
| [n] | [ganūb] جنوب | ananas |
| [p] | [kaputʃino] كابتشينو | panama |
| [q] | [wasaq] وثق | cadeau |
| [r] | [roḥe] روح | racine, rouge |
| [s] | [soxreya] سخرية | syndicat |
| [ṣ] | [me'ṣam] معصم | [s] pharyngale |
| [ʃ] | ['aʃā'] عشاء | chariot |
| [t] | [tanūb] تنوب | tennis |
| [ṭ] | [xarīṭa] خريطة | [t] pharyngale |
| [θ] | [mamūθ] ماموث | consonne fricative dentale sourde |
| [v] | [vietnām] فيتنام | rivière |
| [w] | [wadda'] ودّع | iguane |
| [x] | [baxīl] بخيل | scots - nicht, allemand - Dach |
| [ɣ] | [etɣadda] إتغدّى | g espagnol - amigo, magnífico |
| [z] | [me'za] معزة | gazeuse |
| ['] (ayn) | [sab'a] سبعة | consonne fricative pharyngale voisée |
| ['] (hamza) | [sa'al] سأل | coup de glotte |

# ABRÉVIATIONS
# employées dans ce livre

## Abréviations en arabe égyptien

| | | |
|---|---|---|
| du | - | nom (à double) pluriel |
| f | - | nom féminin |
| m | - | nom masculin |
| pl | - | pluriel |

## Abréviations en français

| | | |
|---|---|---|
| adj | - | adjective |
| adv | - | adverbe |
| anim. | - | animé |
| conj | - | conjonction |
| dénombr. | - | dénombrable |
| etc. | - | et cetera |
| f | - | nom féminin |
| f pl | - | féminin pluriel |
| fam. | - | familiar |
| fem. | - | féminin |
| form. | - | formal |
| inanim. | - | inanimé |
| indénombr. | - | indénombrable |
| m | - | nom masculin |
| m pl | - | masculin pluriel |
| m, f | - | masculin, féminin |
| masc. | - | masculin |
| math | - | mathematics |
| mil. | - | militaire |
| pl | - | pluriel |
| prep | - | préposition |
| pron | - | pronom |
| qch | - | quelque chose |
| qn | - | quelqu'un |
| sing. | - | singulier |
| v aux | - | verbe auxiliaire |
| v imp | - | verbe impersonnel |
| vi | - | verbe intransitif |
| vi, vt | - | verbe intransitif, transitif |
| vp | - | verbe pronominal |
| vt | - | verbe transitif |

# CONCEPTS DE BASE

## Concepts de base. Partie 1

### 1. Les pronoms

| | | |
|---|---|---|
| je | ana | أنا |
| tu (masc.) | enta | أنت |
| tu (fem.) | enty | أنت |
| il | howwa | هوّ |
| elle | hiya | هيّ |
| nous | eḥna | إحنا |
| vous | antom | أنتم |
| ils, elles | hamm | همّ |

### 2. Adresser des vœux. Se dire bonjour. Se dire au revoir

| | | |
|---|---|---|
| Bonjour! (form.) | assalamu ʿalaykum! | السلام عليكم! |
| Bonjour! (le matin) | ṣabāḥ el χeyr! | صباح الخير! |
| Bonjour! (après-midi) | neharak saʿīd! | نهارك سعيد! |
| Bonsoir! | masāʾ el χeyr! | مساء الخير! |
| dire bonjour | sallem | سلّم |
| Salut! | ahlan! | أهلاً! |
| salut (m) | salām (m) | سلام |
| saluer (vt) | sallem ʿala | سلّم على |
| Comment ça va? | ezzayek? | ازيّك؟ |
| Quoi de neuf? | aχbārak eyh? | أخبارك ايه؟ |
| Au revoir! | maʿ el salāma! | مع السلامة! |
| À bientôt! | aʃūfak orayeb! | أشوفك قريب! |
| Adieu! | maʿ el salāma! | مع السلامة! |
| dire au revoir | waddaʿ | ودّع |
| Salut! (À bientôt!) | bay bay! | باي باي! |
| Merci! | ʃokran! | شكراً! |
| Merci beaucoup! | ʃokran geddan! | شكراً جداً! |
| Je vous en prie | el ʿafw | العفو |
| Il n'y a pas de quoi | la ʃokr ʿala wāgeb | لا شكر على واجب |
| Pas de quoi | el ʿafw | العفو |
| Excuse-moi! | ʿan eznak! | عن إذنك! |
| Excusez-moi! | baʿd ezn ḥadretak! | بعد إذن حضرتك! |
| excuser (vt) | ʿazar | عذر |
| s'excuser (vp) | eʿtazar | أعتذر |

| | | |
|---|---|---|
| Mes excuses | ana ʾāsef | أنا آسف |
| Pardonnez-moi! | ana ʾāsef! | أنا آسف! |
| pardonner (vt) | ʿafa | عفا |
| s'il vous plaît | men faḍlak | من فضلك |
| N'oubliez pas! | ma tensāʃ! | ما تنساش! |
| Bien sûr! | ṭabʿan! | طبعاً! |
| Bien sûr que non! | laʾ ṭabʿan! | لأ طبعاً! |
| D'accord! | ettafaʾna! | إتّفقنا! |
| Ça suffit! | kefāya! | كفاية! |

## 3. Les nombres cardinaux. Partie 1

| | | |
|---|---|---|
| zéro | ṣefr | صفر |
| un | wāḥed | واحد |
| une | waḥda | واحدة |
| deux | etneyn | إتنين |
| trois | talāta | ثلاثة |
| quatre | arbaʿa | أربعة |
| cinq | χamsa | خمسة |
| six | setta | ستّة |
| sept | sabʿa | سبعة |
| huit | tamanya | ثمانية |
| neuf | tesʿa | تسعة |
| dix | ʿaʃara | عشرة |
| onze | ḥedāʃar | حداشر |
| douze | etnāʃar | إتناشر |
| treize | talattāʃar | تلاتّاشر |
| quatorze | arbaʿtāʃer | أربعتاشر |
| quinze | χamastāʃer | خمستاشر |
| seize | settāʃar | ستّاشر |
| dix-sept | sabaʿtāʃar | سبعتاشر |
| dix-huit | tamantāʃar | تمنتاشر |
| dix-neuf | tesʿatāʃar | تسعتاشر |
| vingt | ʿeʃrīn | عشرين |
| vingt et un | wāḥed we ʿeʃrīn | واحد وعشرين |
| vingt-deux | etneyn we ʿeʃrīn | إتنين وعشرين |
| vingt-trois | talāta we ʿeʃrīn | ثلاثة وعشرين |
| trente | talatīn | ثلاثين |
| trente et un | wāḥed we talatīn | واحد وتلاتين |
| trente-deux | etneyn we talatīn | إتنين وتلاتين |
| trente-trois | talāta we talatīn | ثلاثة وثلاثين |
| quarante | arbeʿīn | أربعين |
| quarante et un | wāḥed we arbeʿīn | واحد وأربعين |
| quarante-deux | etneyn we arbeʿīn | إتنين وأربعين |
| quarante-trois | talāta we arbeʿīn | ثلاثة وأربعين |
| cinquante | χamsīn | خمسين |
| cinquante et un | wāḥed we χamsīn | واحد وخمسين |

| | | |
|---|---|---|
| cinquante-deux | etneyn we χamsīn | إتنين وخمسين |
| cinquante-trois | talāta we χamsīn | ثلاثة وخمسين |
| soixante | settīn | ستّين |
| soixante et un | wāḥed we settīn | واحد وستّين |
| soixante-deux | etneyn we settīn | إتنين وستّين |
| soixante-trois | talāta we settīn | ثلاثة وستّين |
| soixante-dix | sab'īn | سبعين |
| soixante et onze | wāḥed we sab'īn | واحد وسبعين |
| soixante-douze | etneyn we sab'īn | إتنين وسبعين |
| soixante-treize | talāta we sab'īn | ثلاثة وسبعين |
| quatre-vingts | tamanīn | ثمانين |
| quatre-vingt et un | wāḥed we tamanīn | واحد وتمانين |
| quatre-vingt deux | etneyn we tamanīn | إتنين وتمانين |
| quatre-vingt trois | talāta we tamanīn | ثلاثة وثمانين |
| quatre-vingt-dix | tes'īn | تسعين |
| quatre-vingt et onze | wāḥed we tes'īn | واحد وتسعين |
| quatre-vingt-douze | etneyn we tes'īn | إتنين وتسعين |
| quatre-vingt-treize | talāta we tes'īn | ثلاثة وتسعين |

## 4. Les nombres cardinaux. Partie 2

| | | |
|---|---|---|
| cent | miya | ميّة |
| deux cents | meteyn | ميتين |
| trois cents | toltomiya | تلتميّة |
| quatre cents | rob'omiya | ربعميّة |
| cinq cents | χomsomiya | خمسميّة |
| six cents | sotomiya | ستميّة |
| sept cents | sob'omiya | سبعميّة |
| huit cents | tomnome'a | ثمنمئة |
| neuf cents | tos'omiya | تسعميّة |
| mille | alf | ألف |
| deux mille | alfeyn | ألفين |
| trois mille | talat 'ālāf | ثلاث آلاف |
| dix mille | 'aʃaret 'ālāf | عشرة آلاف |
| cent mille | mīt alf | ميت ألف |
| million (m) | millyon (m) | مليون |
| milliard (m) | millyār (m) | مليار |

## 5. Les nombres. Fractions

| | | |
|---|---|---|
| fraction (f) | kasr (m) | كسر |
| un demi | noṣṣ | نصّ |
| un tiers | telt | تلت |
| un quart | rob' | ربع |
| un huitième | tomn | تمن |
| un dixième | 'oʃr | عشر |

| | | |
|---|---|---|
| deux tiers | teleyn | تلتين |
| trois quarts | talātet arbā' | ثلاثة أرباع |

## 6. Les nombres. Opérations mathématiques

| | | |
|---|---|---|
| soustraction (f) | ṭarḥ (m) | طرح |
| soustraire (vt) | ṭaraḥ | طرح |
| division (f) | 'esma (f) | قسمة |
| diviser (vt) | 'asam | قسم |
| addition (f) | gam' (m) | جمع |
| additionner (vt) | gama' | جمع |
| ajouter (vt) | gama' | جمع |
| multiplication (f) | ḍarb (m) | ضرب |
| multiplier (vt) | ḍarab | ضرب |

## 7. Les nombres. Divers

| | | |
|---|---|---|
| chiffre (m) | raqam (m) | رقم |
| nombre (m) | 'adad (m) | عدد |
| adjectif (m) numéral | 'adady (m) | عددي |
| moins (m) | nā'eṣ (m) | ناقص |
| plus (m) | zā'ed (m) | زائد |
| formule (f) | mo'adla (f) | معادلة |
| calcul (m) | ḥesāb (m) | حساب |
| compter (vt) | 'add | عدّ |
| calculer (vt) | ḥasab | حسب |
| comparer (vt) | qāran | قارن |
| Combien? | kām? | كام؟ |
| somme (f) | magmū' (m) | مجموع |
| résultat (m) | natīga (f) | نتيجة |
| reste (m) | bā'y (m) | باقي |
| quelques … | kām | كام |
| peu de … | ʃewaya | شويّة |
| reste (m) | el bā'y (m) | الباقي |
| un et demi | wāḥed w noṣṣ (m) | واحد ونصّ |
| douzaine (f) | desta (f) | دستة |
| en deux (adv) | le noṣṣeyn | لنصّين |
| en parties égales | bel tasāwy | بالتساوى |
| moitié (f) | noṣṣ (m) | نصّ |
| fois (f) | marra (f) | مرّة |

## 8. Les verbes les plus importants. Partie 1

| | | |
|---|---|---|
| aider (vt) | sā'ed | ساعد |
| aimer (qn) | ḥabb | حبّ |

| | | |
|---|---|---|
| aller (à pied) | meʃy | مشى |
| apercevoir (vt) | lāḥaẓ | لاحظ |
| appartenir à ... | χaṣṣ | خصّ |
| appeler (au secours) | estaɣās | إستغاث |
| attendre (vt) | estanna | إستنّى |
| attraper (vt) | mesek | مسك |
| avertir (vt) | ḥazzar | حذّر |
| avoir (vt) | malak | ملك |
| avoir confiance | wasaq | وثق |
| avoir faim | ʿāyez ʾākol | عايز آكل |
| avoir peur | χāf | خاف |
| avoir soif | ʿāyez aʃrab | عايز أشرب |
| cacher (vt) | χabba | خبّأ |
| casser (briser) | kasar | كسر |
| cesser (vt) | baṭṭal | بطّل |
| changer (vt) | ɣayar | غيّر |
| chasser (animaux) | eṣṭād | اصطاد |
| chercher (vt) | dawwar ʿala | دوّر على |
| choisir (vt) | eχtār | إختار |
| commander (~ le menu) | ṭalab | طلب |
| commencer (vt) | badaʾ | بدأ |
| comparer (vt) | qāran | قارن |
| comprendre (vt) | fehem | فهم |
| compter (dénombrer) | ʿadd | عدّ |
| compter sur ... | eʿtamad ʿala ... | إعتمد على... |
| confondre (vt) | etlaχbaṭ | إتلخبط |
| connaître (qn) | ʿeref | عرف |
| conseiller (vt) | naṣaḥ | نصح |
| continuer (vt) | wāṣel | واصل |
| contrôler (vt) | et-ḥakkem | إتحكّم |
| courir (vi) | gery | جري |
| coûter (vt) | kallef | كلّف |
| créer (vt) | ʿamal | عمل |
| creuser (vt) | ḥafar | حفر |
| crier (vi) | ṣarraχ | صرّخ |

## 9. Les verbes les plus importants. Partie 2

| | | |
|---|---|---|
| décorer (~ la maison) | zayen | زيّن |
| défendre (vt) | dāfaʿ | دافع |
| déjeuner (vi) | etɣadda | إتغدّى |
| demander (~ l'heure) | saʾal | سأل |
| demander (de faire qch) | ṭalab | طلب |
| descendre (vi) | nezel | نزل |
| deviner (vt) | χammen | خمّن |
| dîner (vi) | etʿasʃa | إتعشّى |

| | | |
|---|---|---|
| dire (vt) | 'āl | قال |
| diriger (~ une usine) | adār | أدار |
| discuter (vt) | nā'eʃ | ناقش |
| donner (vt) | edda | إدّى |
| donner un indice | edda lamḥa | إدّى لمحة |
| douter (vt) | ʃakk fe | شكّ في |
| écrire (vt) | katab | كتب |
| entendre (bruit, etc.) | seme' | سمع |
| entrer (vi) | daχal | دخل |
| envoyer (vt) | arsal | أرسل |
| espérer (vi) | tamanna | تمنّى |
| essayer (vt) | ḥāwel | حاول |
| être (vi) | kān | كان |
| être d'accord | ettafa' | إتّفق |
| être nécessaire | maṭlūb | مطلوب |
| être pressé | esta'gel | إستعجل |
| étudier (vt) | daras | درس |
| exiger (vt) | ṭāleb | طالب |
| exister (vi) | kān mawgūd | كان موجود |
| expliquer (vt) | ʃaraḥ | شرح |
| faire (vt) | 'amal | عمل |
| faire tomber | wa''a' | وقّع |
| finir (vt) | χallaṣ | خلّص |
| garder (conserver) | ḥafaẓ | حفظ |
| gronder, réprimander (vt) | wabbeχ | وبّخ |
| informer (vt) | 'āl ly | قال لي |
| insister (vi) | aṣarr | أصرّ |
| insulter (vt) | ahān | أهان |
| inviter (vt) | 'azam | عزم |
| jouer (s'amuser) | le'eb | لعب |

## 10. Les verbes les plus importants. Partie 3

| | | |
|---|---|---|
| libérer (ville, etc.) | ḥarrar | حرّر |
| lire (vi, vt) | 'ara | قرأ |
| louer (prendre en location) | est'gar | إستأجر |
| manquer (l'école) | ɣāb | غاب |
| menacer (vt) | hadded | هدّد |
| mentionner (vt) | zakar | ذكر |
| montrer (vt) | warra | ورّى |
| nager (vi) | 'ām | عام |
| objecter (vt) | e'taraḍ | إعترض |
| observer (vt) | rāqab | راقب |
| ordonner (mil.) | amar | أمر |
| oublier (vt) | nesy | نسي |
| ouvrir (vt) | fataḥ | فتح |

| | | |
|---|---|---|
| pardonner (vt) | ʿafa | عفا |
| parler (vi, vt) | kallem | كلّم |
| participer à ... | ʃārek | شارك |
| payer (régler) | dafaʿ | دفع |
| penser (vi, vt) | fakkar | فكّر |
| permettre (vt) | samaḥ | سمح |
| plaire (être apprécié) | ʿagab | عجب |
| plaisanter (vi) | hazzar | هزّر |
| planifier (vt) | χaṭṭeṭ | خطّط |
| pleurer (vi) | baka | بكى |
| posséder (vt) | malak | ملك |
| pouvoir (v aux) | ʾeder | قدر |
| préférer (vt) | faḍḍal | فضّل |
| prendre (vt) | aχad | أخد |
| prendre en note | katab | كتب |
| prendre le petit déjeuner | feṭer | فطر |
| préparer (le dîner) | ḥaḍḍar | حضّر |
| prévoir (vt) | tanabbaʾ | تنبّأ |
| prier (~ Dieu) | ṣalla | صلّى |
| promettre (vt) | waʿad | وعد |
| prononcer (vt) | naṭaʾ | نطق |
| proposer (vt) | ʿaraḍ | عرض |
| punir (vt) | ʿāqab | عاقب |

## 11. Les verbes les plus importants. Partie 4

| | | |
|---|---|---|
| recommander (vt) | naṣaḥ | نصح |
| regretter (vt) | nedem | ندم |
| répéter (dire encore) | karrar | كرّر |
| répondre (vi, vt) | gāwab | جاوب |
| réserver (une chambre) | ḥagaz | حجز |
| rester silencieux | seket | سكت |
| réunir (regrouper) | waḥḥed | وحّد |
| rire (vi) | ḍeḥek | ضحك |
| s'arrêter (vp) | waʾʾaf | وقّف |
| s'asseoir (vp) | ʾaʿad | قعد |
| sauver (la vie à qn) | anqaz | أنقذ |
| savoir (qch) | ʿeref | عرف |
| se baigner (vp) | sebeḥ | سبح |
| se plaindre (vp) | ʃaka | شكا |
| se refuser (vp) | rafaḍ | رفض |
| se tromper (vp) | ɣeleṭ | غلط |
| se vanter (vp) | tabāha | تباهى |
| s'étonner (vp) | etfāgeʾ | إتفاجئ |
| s'excuser (vp) | eʿtazar | إعتذر |
| signer (vt) | waqqaʿ | وقّع |
| signifier (vt) | ʾaṣad | قصد |

| | | |
|---|---|---|
| s'intéresser (vp) | ehtamm be | إهتمّ بـ |
| sortir (aller dehors) | χarag | خرج |
| sourire (vi) | ebtasam | إبتسم |
| sous-estimer (vt) | estaχaff | إستخفّ |
| suivre ... (suivez-moi) | tatabbaʿ | تتبّع |
| tirer (vi) | ḍarab bel nār | ضرب بالنار |
| tomber (vi) | weʾeʿ | وقع |
| toucher (avec les mains) | lamas | لمس |
| tourner (~ à gauche) | ḥād | حاد |
| traduire (vt) | targem | ترجم |
| travailler (vi) | eʃtaɣal | إشتغل |
| tromper (vt) | χadaʿ | خدع |
| trouver (vt) | laʾa | لقى |
| tuer (vt) | ʾatal | قتل |
| vendre (vt) | bāʿ | باع |
| venir (vi) | weṣel | وصل |
| voir (vt) | ʃāf | شاف |
| voler (avion, oiseau) | ṭār | طار |
| voler (qch à qn) | saraʾ | سرق |
| vouloir (vt) | ʿāyez | عايز |

## 12. Les couleurs

| | | |
|---|---|---|
| couleur (f) | lone (m) | لون |
| teinte (f) | daraget el lōn (m) | درجة اللون |
| ton (m) | ṣabɣet lōn (f) | صبغة اللون |
| arc-en-ciel (m) | qose qozaḥ (m) | قوس قزح |
| blanc (adj) | abyaḍ | أبيض |
| noir (adj) | aswad | أسود |
| gris (adj) | romādy | رمادي |
| vert (adj) | aχḍar | أخضر |
| jaune (adj) | aṣfar | أصفر |
| rouge (adj) | aḥmar | أحمر |
| bleu (adj) | azraʾ | أزرق |
| bleu clair (adj) | azraʾ fāteḥ | أزرق فاتح |
| rose (adj) | wardy | وردي |
| orange (adj) | bortoqāly | برتقاليّ |
| violet (adj) | banaffsegy | بنفسجي |
| brun (adj) | bonny | بنّي |
| d'or (adj) | dahaby | ذهبي |
| argenté (adj) | feḍḍy | فضّي |
| beige (adj) | bɛ:ʒ | بيج |
| crème (adj) | ʿāgy | عاجيّ |
| turquoise (adj) | fayrūzy | فيروزي |
| rouge cerise (adj) | aḥmar karazy | أحمر كرزي |
| lilas (adj) | laylaky | ليّلكي |

| | | |
|---|---|---|
| framboise (adj) | qormozy | قرمزي |
| clair (adj) | fāteḥ | فاتح |
| foncé (adj) | ɣāme' | غامق |
| vif (adj) | zāhy | زاهي |
| de couleur (adj) | melawwen | ملوّن |
| en couleurs (adj) | melawwen | ملوّن |
| noir et blanc (adj) | abyaḍ we aswad | أبيض وأسوّد |
| unicolore (adj) | sāda | سادة |
| multicolore (adj) | mota'added el alwān | متعدّد الألوان |

## 13. Les questions

| | | |
|---|---|---|
| Qui? | mīn? | مين؟ |
| Quoi? | eyh? | ايه؟ |
| Où? (~ es-tu?) | feyn? | فين؟ |
| Où? (~ vas-tu?) | feyn? | فين؟ |
| D'où? | meneyn? | منين؟ |
| Quand? | emta | امتى؟ |
| Pourquoi? (~ es-tu venu?) | 'aʃān eyh? | عشان ايه؟ |
| Pourquoi? (~ t'es pâle?) | leyh? | ليه؟ |
| À quoi bon? | l eyh? | لـ ليه؟ |
| Comment? | ezāy? | إزاي؟ |
| Quel? (à ~ prix?) | eyh? | ايه؟ |
| Lequel? | ayī? | أيّ؟ |
| À qui? (pour qui?) | le mīn? | لمين؟ |
| De qui? | 'an mīn? | عن مين؟ |
| De quoi? | 'an eyh? | عن ايه؟ |
| Avec qui? | ma' mīn? | مع مين؟ |
| Combien? | kām? | كام؟ |
| À qui? (~ est ce livre?) | betā'et mīn? | بتاعت مين؟ |

## 14. Les mots-outils. Les adverbes. Partie 1

| | | |
|---|---|---|
| Où? (~ es-tu?) | feyn? | فين؟ |
| ici (c'est ~) | hena | هنا |
| là-bas (c'est ~) | henāk | هناك |
| quelque part (être) | fe makānen ma | في مكان ما |
| nulle part (adv) | meʃ fi ayī makān | مش في أيّ مكان |
| près de … | ganb | جنب |
| près de la fenêtre | ganb el ʃebbāk | جنب الشبّاك |
| Où? (~ vas-tu?) | feyn? | فين؟ |
| ici (Venez ~) | hena | هنا |
| là-bas (j'irai ~) | henāk | هناك |
| d'ici (adv) | men hena | من هنا |
| de là-bas (adv) | men henāk | من هناك |

| | | |
|---|---|---|
| près (pas loin) | 'arīb | قريب |
| loin (adv) | be'īd | بعيد |
| près de (~ Paris) | 'and | عند |
| tout près (adv) | 'arīb | قريب |
| pas loin (adv) | meʃ be'īd | مش بعيد |
| gauche (adj) | el ʃemāl | الشمال |
| à gauche (être ~) | 'alal ʃemāl | على الشمال |
| à gauche (tournez ~) | lel ʃemāl | للشمال |
| droit (adj) | el yemīn | اليمين |
| à droite (être ~) | 'alal yemīn | على اليمين |
| à droite (tournez ~) | lel yemīn | لليمين |
| devant (adv) | 'oddām | قدّام |
| de devant (adj) | amāmy | أمامي |
| en avant (adv) | ela el amām | إلى الأمام |
| derrière (adv) | wara' | وراء |
| par derrière (adv) | men wara | من ورّا |
| en arrière (regarder ~) | le wara | لورّا |
| milieu (m) | wasaṭ (m) | وسط |
| au milieu (adv) | fel wasaṭ | في الوسط |
| de côté (vue ~) | 'ala ganb | على جنب |
| partout (adv) | fe kol makān | في كل مكان |
| autour (adv) | ḥawaleyn | حوالين |
| de l'intérieur | men gowwah | من جوّه |
| quelque part (aller) | le 'ayī makān | لأي مكان |
| tout droit (adv) | 'ala ṭūl | على طول |
| en arrière (revenir ~) | rogū' | رجوع |
| de quelque part (n'import d'où) | men ayī makān | من أيّ مكان |
| de quelque part (on ne sait pas d'où) | men makānen mā | من مكان ما |
| premièrement (adv) | awwalan | أوّلاً |
| deuxièmement (adv) | sāneyan | ثانياً |
| troisièmement (adv) | sālesan | ثالثاً |
| soudain (adv) | fag'a | فجأة |
| au début (adv) | fel bedāya | في البداية |
| pour la première fois | le 'awwel marra | لأوّل مرّة |
| bien avant ... | 'abl ... be modda ṭawīla | قبل... بمدة طويلة |
| de nouveau (adv) | men gedīd | من جديد |
| pour toujours (adv) | lel abad | للأبد |
| jamais (adv) | abadan | أبداً |
| de nouveau, encore (adv) | tāny | تاني |
| maintenant (adv) | delwa'ty | دلوقتي |
| souvent (adv) | ketīr | كثير |
| alors (adv) | wa'taha | وقتها |

| | | |
|---|---|---|
| d'urgence (adv) | ʿala ṭūl | على طول |
| d'habitude (adv) | ʿādatan | عادةً |
| à propos, … | ʿala fekra … | على فكرة... |
| c'est possible | momken | ممكن |
| probablement (adv) | momken | ممكن |
| peut-être (adv) | momken | ممكن |
| en plus, … | bel eḍāfa ela … | بالإضافة إلى... |
| c'est pourquoi … | ʿaʃān keda | عشان كده |
| malgré … | bel raɣm men … | بالرغم من... |
| grâce à … | be faḍl … | بفضل... |
| quoi (pron) | elly | إللي |
| que (conj) | ennu | إنّه |
| quelque chose (Il m'est arrivé ~) | ḥāga (f) | حاجة |
| quelque chose (peut-on faire ~) | ayī ḥāga (f) | أيّ حاجة |
| rien (m) | wala ḥāga | ولا حاجة |
| qui (pron) | elly | إللي |
| quelqu'un (on ne sait pas qui) | ḥadd | حدّ |
| quelqu'un (n'importe qui) | ḥadd | حدّ |
| personne (pron) | wala ḥadd | ولا حدّ |
| nulle part (aller ~) | meʃ le wala makān | مش لـ ولا مكان |
| de personne | wala ḥadd | ولا حدّ |
| de n'importe qui | le ḥadd | لحدّ |
| comme ça (adv) | geddan | جداً |
| également (adv) | kamān | كمان |
| aussi (adv) | kamān | كمان |

## 15. Les mots-outils. Les adverbes. Partie 2

| | | |
|---|---|---|
| Pourquoi? | leyh? | ليه؟ |
| pour une certaine raison | le sabeben ma | لسبب ما |
| parce que … | ʿaʃān … | ... عشان |
| pour une raison quelconque | le hadafen mā | لهدف ما |
| et (conj) | w | و |
| ou (conj) | walla | ولّا |
| mais (conj) | bass | بسّ |
| pour … (prep) | ʿaʃān | عشان |
| trop (adv) | ketīr geddan | كتير جدّاً |
| seulement (adv) | bass | بسّ |
| précisément (adv) | bel ḍabṭ | بالضبط |
| près de … (prep) | naḥw | نحو |
| approximativement | naḥw | نحو |
| approximatif (adj) | taqrīby | تقريبي |
| presque (adv) | taʾrīban | تقريباً |
| reste (m) | el bāʾy (m) | الباقي |

| | | |
|---|---|---|
| chaque (adj) | koll | كلّ |
| n'importe quel (adj) | ayī | أيّ |
| beaucoup (adv) | ketīr | كتير |
| plusieurs (pron) | nās ketīr | ناس كتير |
| tous | koll el nās | كلّ الناس |
| en échange de ... | fi moqābel ... | ... في مقابل |
| en échange (adv) | fe moqābel | في مقابل |
| à la main (adv) | bel yad | باليد |
| peu probable (adj) | bel kād | بالكاد |
| probablement (adv) | momken | ممكن |
| exprès (adv) | bel ʾaṣd | بالقصد |
| par accident (adv) | bel ṣodfa | بالصدفة |
| très (adv) | ʾawy | قويّ |
| par exemple (adv) | masalan | مثلاً |
| entre (prep) | beyn | بين |
| parmi (prep) | wesṭ | وسط |
| autant (adv) | ketīr | كتير |
| surtout (adv) | χāṣṣa | خاصّة |

# Concepts de base. Partie 2

## 16. Les jours de la semaine

| | | |
|---|---|---|
| lundi (m) | el etneyn (m) | الإتنين |
| mardi (m) | el talāt (m) | التلات |
| mercredi (m) | el arbe'ā' (m) | الأربعاء |
| jeudi (m) | el χamīs (m) | الخميس |
| vendredi (m) | el gom'a (m) | الجمعة |
| samedi (m) | el sabt (m) | السبت |
| dimanche (m) | el aḥad (m) | الأحد |
| aujourd'hui (adv) | el naharda | النهارده |
| demain (adv) | bokra | بكرة |
| après-demain (adv) | ba'd bokra (m) | بعد بكرة |
| hier (adv) | embāreḥ | امبارح |
| avant-hier (adv) | awwel embāreḥ | أوّل امبارح |
| jour (m) | yome (m) | يوم |
| jour (m) ouvrable | yome 'amal (m) | يوم عمل |
| jour (m) férié | agāza rasmiya (f) | أجازة رسميّة |
| jour (m) de repos | yome el agāza (m) | يوم أجازة |
| week-end (m) | nehāyet el osbū' (f) | نهاية الأسبوع |
| toute la journée | ṭūl el yome | طول اليوم |
| le lendemain | fel yome elly ba'dīh | في اليوم اللي بعديه |
| il y a 2 jours | men yomeyn | من يومين |
| la veille | fel yome elly 'ablo | في اليوم اللي قبله |
| quotidien (adj) | yawmy | يومي |
| tous les jours | yawmiyan | يومياً |
| semaine (f) | osbū' (m) | أسبوع |
| la semaine dernière | el esbū' elly fāt | الأسبوع اللي فات |
| la semaine prochaine | el esbū' elly gayī | الأسبوع اللي جاي |
| hebdomadaire (adj) | osbū'y | أسبوعي |
| chaque semaine | osbū'iyan | أسبوعياً |
| 2 fois par semaine | marreteyn fel osbū' | مرّتين في الأسبوع |
| tous les mardis | koll solasā' | كلّ ثلاثاء |

## 17. Les heures. Le jour et la nuit

| | | |
|---|---|---|
| matin (m) | ṣobḥ (m) | صبح |
| le matin | fel ṣobḥ | في الصبح |
| midi (m) | ẓohr (m) | ظهر |
| dans l'après-midi | ba'd el ḍohr | بعد الظهر |
| soir (m) | leyl (m) | ليل |
| le soir | bel leyl | بالليل |

| | | |
|---|---|---|
| nuit (f) | leyl (m) | ليل |
| la nuit | bel leyl | بالليل |
| minuit (f) | noṣṣ el leyl (m) | نصّ الليل |
| | | |
| seconde (f) | sanya (f) | ثانية |
| minute (f) | deʔa (f) | دقيقة |
| heure (f) | sāʿa (f) | ساعة |
| demi-heure (f) | noṣṣ sāʿa (m) | نصّ ساعة |
| un quart d'heure | robʿ sāʿa (f) | ربع ساعة |
| quinze minutes | χamastāʃer deʔa | خمستاشر دقيقة |
| vingt-quatre heures | arbaʿa we ʿeʃrīn sāʿa | أربعة وعشرين ساعة |
| | | |
| lever (m) du soleil | ʃorūʾ el ʃams (m) | شروق الشمس |
| aube (f) | fagr (m) | فجر |
| point (m) du jour | ṣobḥ badry (m) | صبح بدري |
| coucher (m) du soleil | ɣorūb el ʃams (m) | غروب الشمس |
| | | |
| tôt le matin | el ṣobḥ badry | الصبح بدري |
| ce matin | el naharda el ṣobḥ | النهاردة الصبح |
| demain matin | bokra el ṣobḥ | بكرة الصبح |
| | | |
| cet après-midi | el naharda baʿd el ḍohr | النهاردة بعد الظهر |
| dans l'après-midi | baʿd el ḍohr | بعد الظهر |
| demain après-midi | bokra baʿd el ḍohr | بكرة بعد الظهر |
| | | |
| ce soir | el naharda bel leyl | النهاردة بالليل |
| demain soir | bokra bel leyl | بكرة بالليل |
| | | |
| à 3 heures précises | es sāʿa talāta bel ḍabṭ | الساعة تلاتة بالضبط |
| autour de 4 heures | es sāʿa arbaʿa taʾrīban | الساعة أربعة تقريبا |
| vers midi | ḥatt es sāʿa etnāʃar | حتى الساعة إتناشر |
| dans 20 minutes | fe χelāl ʿeʃrīn deʿeeʿa | في خلال عشرين دقيقة |
| dans une heure | fe χelāl sāʿa | في خلال ساعة |
| à temps | fe mawʿedo | في موعده |
| | | |
| ... moins le quart | ella robʿ | إلّا ربع |
| en une heure | χelāl sāʿa | خلال ساعة |
| tous les quarts d'heure | koll robʿ sāʿa | كلّ ربع ساعة |
| 24 heures sur 24 | leyl nahār | ليل نهار |

## 18. Les mois. Les saisons

| | | |
|---|---|---|
| janvier (m) | yanāyer (m) | يناير |
| février (m) | febrāyer (m) | فبراير |
| mars (m) | māres (m) | مارس |
| avril (m) | ebrīl (m) | إبريل |
| mai (m) | māyo (m) | مايو |
| juin (m) | yonyo (m) | يونيو |
| | | |
| juillet (m) | yolyo (m) | يوليو |
| août (m) | oɣosṭos (m) | أغسطس |
| septembre (m) | sebtamber (m) | سبتمبر |
| octobre (m) | oktober (m) | أكتوبر |
| novembre (m) | november (m) | نوفمبر |

| | | |
|---|---|---|
| décembre (m) | desember (m) | ديسمبر |
| printemps (m) | rabee‘ (m) | ربيع |
| au printemps | fel rabee‘ | في الربيع |
| de printemps (adj) | rabee‘y | ربيعي |
| été (m) | ṣeyf (m) | صيف |
| en été | fel ṣeyf | في الصيف |
| d'été (adj) | ṣeyfy | صيفي |
| automne (m) | χarīf (m) | خريف |
| en automne | fel χarīf | في الخريف |
| d'automne (adj) | χarīfy | خريفي |
| hiver (m) | ʃetā’ (m) | شتاء |
| en hiver | fel ʃetā’ | في الشتاء |
| d'hiver (adj) | ʃetwy | شتوّي |
| mois (m) | ʃahr (m) | شهر |
| ce mois | fel ʃahr da | في الشهر ده |
| le mois prochain | el ʃahr el gayī | الشهر الجايّ |
| le mois dernier | el ʃahr elly fāt | الشهر اللي فات |
| il y a un mois | men ʃahr | من شهر |
| dans un mois | ba‘d ʃahr | بعد شهر |
| dans 2 mois | ba‘d ʃahreyn | بعد شهرين |
| tout le mois | el ʃahr kollo | الشهر كلّه |
| tout un mois | ṭawāl el ʃahr | طوال الشهر |
| mensuel (adj) | ʃahry | شهري |
| mensuellement | ʃahry | شهري |
| chaque mois | koll ʃahr | كلّ شهر |
| 2 fois par mois | marreteyn fel ʃahr | مرّتين في الشهر |
| année (f) | sana (f) | سنة |
| cette année | el sana di | السنة دي |
| l'année prochaine | el sana el gaya | السنة الجايّة |
| l'année dernière | el sana elly fātet | السنة اللي فاتت |
| il y a un an | men sana | من سنة |
| dans un an | ba‘d sana | بعد سنة |
| dans 2 ans | ba‘d sanateyn | بعد سنتين |
| toute l'année | el sana kollaha | السنة كلّها |
| toute une année | ṭūl el sana | طول السنة |
| chaque année | koll sana | كلّ سنة |
| annuel (adj) | sanawy | سنوّي |
| annuellement | koll sana | كلّ سنة |
| 4 fois par an | arba‘ marrāt fel sana | أربع مرات في السنة |
| date (f) (jour du mois) | tarīχ (m) | تاريخ |
| date (f) (~ mémorable) | tarīχ (m) | تاريخ |
| calendrier (m) | natīga (f) | نتيجة |
| six mois | noṣṣ sana | نصّ سنة |
| semestre (m) | settet aʃ-hor (f) | ستّة أشهر |
| saison (f) | faṣl (m) | فصل |
| siècle (m) | qarn (m) | قرن |

## 19. La notion de temps. Divers

| | | |
|---|---|---|
| temps (m) | wa't (m) | وقت |
| moment (m) | laḥza (f) | لحظة |
| instant (m) | laḥza (f) | لحظة |
| instantané (adj) | laḥza | لحظة |
| laps (m) de temps | fatra (f) | فترة |
| vie (f) | ḥayah (f) | حياة |
| éternité (f) | abadiya (f) | أبديّة |
| époque (f) | 'ahd (m) | عهد |
| ère (f) | 'aṣr (m) | عصر |
| cycle (m) | dawra (f) | دوّرة |
| période (f) | fatra (f) | فترة |
| délai (m) | fatra (f) | فترة |
| avenir (m) | el mostaqbal (m) | المستقبل |
| prochain (adj) | elly gayī | اللي جاي |
| la fois prochaine | el marra el gaya | المرّة الجايّة |
| passé (m) | el māḍy (m) | الماضي |
| passé (adj) | elly fāt | اللي فات |
| la fois passée | el marra elly fātet | المرّة اللي فاتت |
| plus tard (adv) | ba'deyn | بعدين |
| après (prep) | ba'd | بعد |
| à présent (adv) | el ayām di | الأيام دي |
| maintenant (adv) | delwa'ty | دلوّقتي |
| immédiatement | ḥālan | حالاً |
| bientôt (adv) | 'arīb | قريب |
| d'avance (adv) | mo'addaman | مقدّماً |
| il y a longtemps | men zamān | من زمان |
| récemment (adv) | men 'orayeb | من قريّب |
| destin (m) | maṣīr (m) | مصير |
| souvenirs (m pl) | zekra (f) | زكرى |
| archives (f pl) | arʃīf (m) | أرشيف |
| pendant ... (prep) | esnā'... | إثناء... |
| longtemps (adv) | modda ṭawīla | مدّة طويلة |
| pas longtemps (adv) | le fatra 'aṣīra | لفترة قصيرة |
| tôt (adv) | badry | بدري |
| tard (adv) | met'akχer | متأخر |
| pour toujours (adv) | lel abad | للأبد |
| commencer (vt) | bada' | بدأ |
| reporter (retarder) | aggel | أجّل |
| en même temps (adv) | fe nafs el waqt | في نفس الوقت |
| en permanence (adv) | be ʃakl dā'em | بشكل دائم |
| constant (bruit, etc.) | mostamerr | مستمرّ |
| temporaire (adj) | mo'akkatan | مؤقّتاً |
| parfois (adv) | sa'āt | ساعات |
| rarement (adv) | nāderan | نادراً |
| souvent (adv) | ketīr | كثير |

## 20. Les contraires

| | | |
|---|---|---|
| riche (adj) | ɣany | غني |
| pauvre (adj) | faʾīr | فقير |
| malade (adj) | marīḍ | مريض |
| en bonne santé | salīm | سليم |
| grand (adj) | kebīr | كبير |
| petit (adj) | ṣaɣīr | صغير |
| vite (adv) | bosorʿa | بسرعة |
| lentement (adv) | bo boṭʾ | ببطء |
| rapide (adj) | sareeʿ | سريع |
| lent (adj) | baṭīʾ | بطيء |
| joyeux (adj) | farḥān | فرحان |
| triste (adj) | ḥazīn | حزين |
| ensemble (adv) | maʿ baʿḍ | مع بعض |
| séparément (adv) | le waḥdo | لوحده |
| à haute voix | beṣote ʿāly | بصوت عالي |
| en silence | beṣamt | بصمت |
| haut (adj) | ʿāly | عالي |
| bas (adj) | wāṭy | واطي |
| profond (adj) | ʿamīq | عميق |
| peu profond (adj) | ḍaḥl | ضحل |
| oui (adv) | aywa | أيوه |
| non (adv) | laʾ | لأ |
| lointain (adj) | beʿīd | بعيد |
| proche (adj) | ʾarīb | قريب |
| loin (adv) | beʿīd | بعيد |
| près (adv) | ʾarīb | قريب |
| long (adj) | ṭawīl | طويل |
| court (adj) | ʾaṣīr | قصير |
| bon (au bon cœur) | ṭayeb | طيّب |
| méchant (adj) | ʃerrīr | شرير |
| marié (adj) | metgawwez | متجوّز |
| célibataire (adj) | aʿzab | أعزب |
| interdire (vt) | manaʿ | منع |
| permettre (vt) | samaḥ | سمح |
| fin (f) | nehāya (f) | نهاية |
| début (m) | bedāya (f) | بداية |

| | | |
|---|---|---|
| gauche (adj) | el ʃemāl | الشمال |
| droit (adj) | el yemīn | اليمين |
| premier (adj) | awwel | أوّل |
| dernier (adj) | 'āχer | آخر |
| crime (m) | garīma (f) | جريمة |
| punition (f) | 'eqāb (m) | عقاب |
| ordonner (vt) | amar | أمر |
| obéir (vt) | ṭā' | طاع |
| droit (adj) | mostaqīm | مستقيم |
| courbé (adj) | monḥany | منحني |
| paradis (m) | el ganna (f) | الجنّة |
| enfer (m) | el gaḥīm (f) | الجحيم |
| naître (vi) | etwalad | إتولّد |
| mourir (vi) | māt | مات |
| fort (adj) | 'awy | قوّي |
| faible (adj) | ḍa'īf | ضعيف |
| vieux (adj) | 'agūz | عجوز |
| jeune (adj) | ʃāb | شاب |
| vieux (adj) | 'adīm | قديم |
| neuf (adj) | gedīd | جديد |
| dur (adj) | ṣalb | صلب |
| mou (adj) | ṭary | طري |
| chaud (tiède) | dāfy | دافي |
| froid (adj) | bāred | بارد |
| gros (adj) | teχīn | تخين |
| maigre (adj) | rofaya' | رفيّع |
| étroit (adj) | ḍaye' | ضيّق |
| large (adj) | wāse' | واسع |
| bon (adj) | kewayes | كويّس |
| mauvais (adj) | weḥeʃ | وحش |
| vaillant (adj) | ʃogā' | شجاع |
| peureux (adj) | gabān | جبان |

## 21. Les lignes et les formes

| | | |
|---|---|---|
| carré (m) | morabba' (m) | مربّع |
| carré (adj) | morabba' | مربّع |
| cercle (m) | dayra (f) | دايرة |
| rond (adj) | medawwar | مدوّر |

| | | |
|---|---|---|
| triangle (m) | mosallas (m) | مثلّث |
| triangulaire (adj) | mosallasy el ʃakl | مثلّثي الشكل |
| ovale (m) | bayḍawy (m) | بيضويّ |
| ovale (adj) | bayḍawy | بيضوي |
| rectangle (m) | mostaṭīl (m) | مستطيل |
| rectangulaire (adj) | mostaṭīly | مستطيلي |
| pyramide (f) | haram (m) | هرم |
| losange (m) | moʿayen (m) | معيّن |
| trapèze (m) | ʃebh el monḥaref (m) | شبه المنحرف |
| cube (m) | mokaʿab (m) | مكعّب |
| prisme (m) | manʃūr (m) | منشور |
| circonférence (f) | moḥīṭ monḥany moɣlaq (m) | محيط منحنى مغلق |
| sphère (f) | kora (f) | كرة |
| globe (m) | kora (f) | كرة |
| diamètre (m) | qaṭr (m) | قطر |
| rayon (m) | noṣṣ qaṭr (m) | نصّ قطر |
| périmètre (m) | moḥīṭ (m) | محيط |
| centre (m) | wasaṭ (m) | وسط |
| horizontal (adj) | ofoqy | أفقي |
| vertical (adj) | ʿamūdy | عمودي |
| parallèle (f) | motawāz (m) | متواز |
| parallèle (adj) | motawāzy | متوازي |
| ligne (f) | χaṭṭ (m) | خطّ |
| trait (m) | ḥaraka (m) | حركة |
| ligne (f) droite | χaṭṭ mostaqīm (m) | خطّ مستقيم |
| courbe (f) | χaṭṭ monḥany (m) | خطّ منحني |
| fin (une ~ ligne) | rofayaʿ | رفيّع |
| contour (m) | kontūr (m) | كنتور |
| intersection (f) | taqāṭoʿ (m) | تقاطع |
| angle (m) droit | zawya mostaqīma (f) | زاوية مستقيمة |
| segment (m) | ʾeṭʿa (f) | قطعة |
| secteur (m) | qaṭāʿ (m) | قطاع |
| côté (m) | gāneb (m) | جانب |
| angle (m) | zawya (f) | زاوية |

## 22. Les unités de mesure

| | | |
|---|---|---|
| poids (m) | wazn (m) | وزن |
| longueur (f) | ṭūl (m) | طول |
| largeur (f) | ʿarḍ (m) | عرض |
| hauteur (f) | ertefāʿ (m) | إرتفاع |
| profondeur (f) | ʿomq (m) | عمق |
| volume (m) | ḥagm (m) | حجم |
| aire (f) | mesāḥa (f) | مساحة |
| gramme (m) | gram (m) | جرام |
| milligramme (m) | milligrām (m) | ملّيغرام |
| kilogramme (m) | kilogrām (m) | كيلوغرام |

| | | |
|---|---|---|
| tonne (f) | ṭenn (m) | طنّ |
| livre (f) | reṭl (m) | رطل |
| once (f) | onṣa (f) | أونصة |
| mètre (m) | metr (m) | متر |
| millimètre (m) | millimetr (m) | ملّيمتر |
| centimètre (m) | santimetr (m) | سنتيمتر |
| kilomètre (m) | kilometr (m) | كيلومتر |
| mille (m) | mīl (m) | ميل |
| pouce (m) | boṣa (f) | بوصة |
| pied (m) | ʾadam (m) | قدم |
| yard (m) | yarda (f) | ياردة |
| mètre (m) carré | metr morabbaʿ (m) | متر مربّع |
| hectare (m) | hektār (m) | هكتار |
| litre (m) | litre (m) | لتر |
| degré (m) | daraga (f) | درجة |
| volt (m) | volt (m) | فولت |
| ampère (m) | ambere (m) | أمبير |
| cheval-vapeur (m) | ḥoṣān (m) | حصان |
| quantité (f) | kemiya (f) | كميّة |
| un peu de ... | ʃewayet ... | شويّة... |
| moitié (f) | noṣṣ (m) | نصّ |
| douzaine (f) | desta (f) | دستة |
| pièce (f) | waḥda (f) | وحدة |
| dimension (f) | ḥagm (m) | حجم |
| échelle (f) (de la carte) | meʾyās (m) | مقياس |
| minimal (adj) | el adna | الأدنى |
| le plus petit (adj) | el aṣɣar | الأصغر |
| moyen (adj) | motawasseṭ | متوّسط |
| maximal (adj) | el aqṣa | الأقصى |
| le plus grand (adj) | el akbar | الأكبر |

## 23. Les récipients

| | | |
|---|---|---|
| bocal (m) en verre | barṭamān (m) | برطمان |
| boîte, canette (f) | kanz (m) | كانز |
| seau (m) | gardal (m) | جردل |
| tonneau (m) | barmīl (m) | برميل |
| bassine, cuvette (f) | ḥoḍe lel ɣasīl (m) | حوض للغسيل |
| cuve (f) | χazzān (m) | خزّان |
| flasque (f) | zamzamiya (f) | زمزميّة |
| jerrican (m) | ʒerken (m) | جركن |
| citerne (f) | χazzān (m) | خزّان |
| tasse (f), mug (m) | mugg (m) | ماجّ |
| tasse (f) | fengān (m) | فنجان |
| soucoupe (f) | ṭabaʾ fengān (m) | طبق فنجان |

| | | |
|---|---|---|
| verre (m) (~ d'eau) | kobbāya (f) | كوبّاية |
| verre (m) à vin | kāsa (f) | كاسة |
| faitout (m) | ḥalla (f) | حلّة |
| bouteille (f) | ezāza (f) | إزازة |
| goulot (m) | 'onq (m) | عنق |
| carafe (f) | dawra' zogāgy (m) | دورق زجاجي |
| pichet (m) | ebrī' (m) | إبريق |
| récipient (m) | we'ā' (m) | وعاء |
| pot (m) | aṣīṣ (m) | أصيص |
| vase (m) | vāza (f) | فازة |
| flacon (m) | ezāza (f) | إزازة |
| fiole (f) | ezāza (f) | إزازة |
| tube (m) | anbūba (f) | أنبوبة |
| sac (m) (grand ~) | kīs (m) | كيس |
| sac (m) (~ en plastique) | kīs (m) | كيس |
| paquet (m) (~ de cigarettes) | 'elba (f) | علبة |
| boîte (f) | 'elba (f) | علبة |
| caisse (f) | ṣandū' (m) | صندوق |
| panier (m) | salla (f) | سلّة |

## 24. Les matériaux

| | | |
|---|---|---|
| matériau (m) | madda (f) | مادّة |
| bois (m) | χaʃab (m) | خشب |
| en bois (adj) | χaʃaby | خشبي |
| verre (m) | ezāz (m) | إزاز |
| en verre (adj) | ezāz | إزاز |
| pierre (f) | ḥagar (m) | حجر |
| en pierre (adj) | ḥagary | حجري |
| plastique (m) | blastik (m) | بلاستيك |
| en plastique (adj) | men el blastik | من البلاستيك |
| caoutchouc (m) | maṭṭāṭ (m) | مطّاط |
| en caoutchouc (adj) | maṭṭāṭy | مطّاطي |
| tissu (m) | 'omāʃ (m) | قماش |
| en tissu (adj) | men el 'omāʃ | من القماش |
| papier (m) | wara' (m) | ورق |
| de papier (adj) | wara'y | ورقي |
| carton (m) | kartōn (m) | كرتون |
| en carton (adj) | kartony | كرتوني |
| polyéthylène (m) | bolyetylen (m) | بولي ايثيلين |
| cellophane (f) | sellofān (m) | سيلوفان |

| | | |
|---|---|---|
| contreplaqué (m) | ablakāʃ (m) | أبلكاش |
| porcelaine (f) | borsalīn (m) | بورسلين |
| de porcelaine (adj) | men el borsalīn | من البورسلين |
| argile (f) | ṭīn (m) | طين |
| de terre cuite (adj) | fokχāry | فخّاري |
| céramique (f) | seramīk (m) | سيراميك |
| en céramique (adj) | men el seramik | من السيراميك |

## 25. Les métaux

| | | |
|---|---|---|
| métal (m) | maʿdan (m) | معدن |
| métallique (adj) | maʿdany | معدني |
| alliage (m) | sebīka (f) | سبيكة |
| or (m) | dahab (m) | ذهب |
| en or (adj) | dahaby | ذهبي |
| argent (m) | faḍḍa (f) | فضّة |
| en argent (adj) | feḍḍy | فضّي |
| fer (m) | ḥadīd (m) | حديد |
| en fer (adj) | ḥadīdy | حديدي |
| acier (m) | fulāz (m) | فولاذ |
| en acier (adj) | folāzy | فولاذي |
| cuivre (m) | neḥās (m) | نحاس |
| en cuivre (adj) | neḥāsy | نحاسي |
| aluminium (m) | aluminyum (m) | الومينيوم |
| en aluminium (adj) | aluminyum | الومينيوم |
| bronze (m) | bronze (m) | برونز |
| en bronze (adj) | bronzy | برونزي |
| laiton (m) | neḥās aṣfar (m) | نحاس أصفر |
| nickel (m) | nikel (m) | نيكل |
| platine (f) | blatīn (m) | بلاتين |
| mercure (m) | zeʾbaq (m) | زئبق |
| étain (m) | ʾaṣdīr (m) | قصدير |
| plomb (m) | roṣāṣ (m) | رصاص |
| zinc (m) | zink (m) | زنك |

# L'HOMME

## L'homme. Le corps humain

### 26. L'homme. Notions fondamentales

| | | |
|---|---|---|
| être (m) humain | ensān (m) | إنسان |
| homme (m) | rāgel (m) | راجل |
| femme (f) | set (f) | ست |
| enfant (m, f) | ṭefl (m) | طفل |
| fille (f) | bent (f) | بنت |
| garçon (m) | walad (m) | ولد |
| adolescent (m) | morāheq (m) | مراهق |
| vieillard (m) | ʿagūz (m) | عجوز |
| vieille femme (f) | ʿagūza (f) | عجوزة |

### 27. L'anatomie humaine

| | | |
|---|---|---|
| organisme (m) | ʿoḍw (m) | عضو |
| cœur (m) | ʾalb (m) | قلب |
| sang (m) | damm (m) | دم |
| artère (f) | ʃeryān (m) | شريان |
| veine (f) | ʿerʾ (m) | عرق |
| cerveau (m) | mokχ (m) | مخ |
| nerf (m) | ʿaṣab (m) | عصب |
| nerfs (m pl) | aʿṣāb (pl) | أعصاب |
| vertèbre (f) | faqra (f) | فقرة |
| colonne (f) vertébrale | ʿamūd faqry (m) | عمود فقري |
| estomac (m) | meʿda (f) | معدة |
| intestins (m pl) | amʿāʾ (pl) | أمعاء |
| intestin (m) | maʿy (m) | معى |
| foie (m) | kebd (f) | كبد |
| rein (m) | kelya (f) | كلية |
| os (m) | ʿaḍm (m) | عظم |
| squelette (f) | haykal ʿazmy (m) | هيكل عظمي |
| côte (f) | ḍelʿ (m) | ضلع |
| crâne (m) | gomgoma (f) | جمجمة |
| muscle (m) | ʿaḍala (f) | عضلة |
| biceps (m) | biseps (f) | بايسبس |
| triceps (m) | triseps (f) | ترايسبس |
| tendon (m) | watar (m) | وتر |
| articulation (f) | mefṣal (m) | مفصل |

| | | |
|---|---|---|
| poumons (m pl) | re'ateyn (du) | رئتين |
| organes (m pl) génitaux | a'ḍā' tanasoliya (pl) | أعضاء تناسلية |
| peau (f) | boʃra (m) | بشرة |

## 28. La téte

| | | |
|---|---|---|
| tête (f) | ra's (m) | رأس |
| visage (m) | weʃ (m) | وش |
| nez (m) | manaχīr (m) | مناخير |
| bouche (f) | bo' (m) | بوء |
| œil (m) | 'eyn (f) | عين |
| les yeux | 'oyūn (pl) | عيون |
| pupille (f) | ḥad'a (f) | حدقة |
| sourcil (m) | ḥāgeb (m) | حاجب |
| cil (m) | remʃ (m) | رمش |
| paupière (f) | gefn (m) | جفن |
| langue (f) | lesān (m) | لسان |
| dent (f) | senna (f) | سنّة |
| lèvres (f pl) | ʃafāyef (pl) | شفايف |
| pommettes (f pl) | 'aḍmet el χadd (f) | عضمة الخدّ |
| gencive (f) | lassa (f) | لثّة |
| palais (m) | ḥanak (m) | حنك |
| narines (f pl) | manaχer (pl) | مناخر |
| menton (m) | da''n (m) | دقن |
| mâchoire (f) | fakk (m) | فكّ |
| joue (f) | χadd (m) | خدّ |
| front (m) | gabha (f) | جبهة |
| tempe (f) | ṣedɣ (m) | صدغ |
| oreille (f) | wedn (f) | ودن |
| nuque (f) | 'afa (m) | قفا |
| cou (m) | ra'aba (f) | رقبة |
| gorge (f) | zore (m) | زور |
| cheveux (m pl) | ʃa'r (m) | شعر |
| coiffure (f) | tasrīḥa (f) | تسريحة |
| coupe (f) | tasrīḥa (f) | تسريحة |
| perruque (f) | barūka (f) | باروكة |
| moustache (f) | ʃanab (pl) | شنب |
| barbe (f) | leḥya (f) | لحية |
| porter (~ la barbe) | 'ando | عنده |
| tresse (f) | ḍefīra (f) | ضفيرة |
| favoris (m pl) | sawālef (pl) | سوالف |
| roux (adj) | aḥmar el ʃa'r | أحمر الشعر |
| gris, grisonnant (adj) | ʃa'r abyaḍ | شعر أبيض |
| chauve (adj) | aṣla' | أصلع |
| calvitie (f) | ṣala' (m) | صلع |
| queue (f) de cheval | deyl ḥoṣān (m) | ديل حصان |
| frange (f) | 'oṣṣa (f) | قصّة |

## 29. Le corps humain

| | | |
|---|---|---|
| main (f) | yad (m) | يد |
| bras (m) | derāʿ (f) | دراع |
| doigt (m) | ṣobāʿ (m) | صباع |
| orteil (m) | ṣobāʿ el ʾadam (m) | صباع القدم |
| pouce (m) | ebhām (m) | إبهام |
| petit doigt (m) | χonṣor (m) | خنصر |
| ongle (m) | ḍefr (m) | ضفر |
| poing (m) | qabḍa (f) | قبضة |
| paume (f) | kaff (f) | كفّ |
| poignet (m) | meʿṣam (m) | معصم |
| avant-bras (m) | sāʿed (m) | ساعد |
| coude (m) | kūʿ (m) | كوع |
| épaule (f) | ketf (f) | كتف |
| jambe (f) | regl (f) | رجل |
| pied (m) | qadam (f) | قدم |
| genou (m) | rokba (f) | ركبة |
| mollet (m) | semmāna (f) | سمّانة |
| hanche (f) | faχd (f) | فخد |
| talon (m) | kaʿb (m) | كعب |
| corps (m) | gesm (m) | جسم |
| ventre (m) | baṭn (m) | بطن |
| poitrine (f) | ṣedr (m) | صدر |
| sein (m) | sady (m) | ثدي |
| côté (m) | ganb (m) | جنب |
| dos (m) | ḍahr (m) | ضهر |
| reins (région lombaire) | asfal el ḍahr (m) | أسفل الضهر |
| taille (f) (~ de guêpe) | wesṭ (f) | وسط |
| nombril (m) | sorra (f) | سرّة |
| fesses (f pl) | ardāf (pl) | أرداف |
| derrière (m) | debr (m) | دبر |
| grain (m) de beauté | ʃāma (f) | شامة |
| tache (f) de vin | waḥma | وحمة |
| tatouage (m) | waʃm (m) | وشم |
| cicatrice (f) | nadba (f) | ندبة |

# Les vêtements & les accessoires

## 30. Les vêtements d'extérieur

| | | |
|---|---|---|
| vêtement (m) | malābes (pl) | ملابس |
| survêtement (m) | malābes fo'aniya (pl) | ملابس فوقانيّة |
| vêtement (m) d'hiver | malābes ʃetwiya (pl) | ملابس شتويّة |
| manteau (m) | balṭo (m) | بالطو |
| manteau (m) de fourrure | balṭo farww (m) | بالطو فروّ |
| veste (f) de fourrure | ʒaket farww (m) | جاكيت فروّ |
| manteau (m) de duvet | balṭo maḥʃy rīʃ (m) | بالطو محشي ريش |
| veste (f) (~ en cuir) | ʒæket (m) | جاكيت |
| imperméable (m) | ʒæket lel maṭar (m) | جاكيت للمطر |
| imperméable (adj) | wāqy men el maya | واقي من الميّة |

## 31. Les vêtements

| | | |
|---|---|---|
| chemise (f) | 'amīṣ (m) | قميص |
| pantalon (m) | banṭalone (f) | بنطلون |
| jean (m) | ʒeans (m) | جينز |
| veston (m) | ʒæket (f) | جاكت |
| complet (m) | badla (f) | بدلة |
| robe (f) | fostān (m) | فستان |
| jupe (f) | ʒība (f) | جيبة |
| chemisette (f) | bloza (f) | بلوزة |
| veste (f) en laine | kardigan (m) | كارديجن |
| jaquette (f), blazer (m) | ʒæket (m) | جاكيت |
| tee-shirt (m) | ti ʃirt (m) | تي شيرت |
| short (m) | ʃort (m) | شورت |
| costume (m) de sport | treneng (m) | ترينينج |
| peignoir (m) de bain | robe el ḥammām (m) | روب حمّام |
| pyjama (m) | beʒāma (f) | بيجاما |
| chandail (m) | blover (f) | بلوفر |
| pull-over (m) | blover (m) | بلوفر |
| gilet (m) | vest (m) | فيست |
| queue-de-pie (f) | badlet sahra ṭawīla (f) | بدلة سهرة طويلة |
| smoking (m) | badla (f) | بدلة |
| uniforme (m) | zayī muwaḥḥad (m) | زيّ موحّد |
| tenue (f) de travail | lebs el ʃoɣl (m) | لبس الشغل |
| salopette (f) | overall (m) | اوفر اول |
| blouse (f) (d'un médecin) | balṭo (m) | بالطو |

## 32. Les sous-vêtements

| | | |
|---|---|---|
| sous-vêtements (m pl) | malābes dāχeliya (pl) | ملابس داخلية |
| boxer (m) | sirwāl dāχly rigāly (m) | سروال داخلي رجاليّ |
| slip (m) de femme | sirwāl dāχly nisā'y (m) | سروال داخلي نسائيّ |
| maillot (m) de corps | fanella (f) | فانلّا |
| chaussettes (f pl) | ʃarāb (m) | شراب |
| chemise (f) de nuit | 'amīṣ nome (m) | قميص نوم |
| soutien-gorge (m) | setyāna (f) | ستيانة |
| chaussettes (f pl) hautes | ʃarabāt ṭawīla (pl) | شرابات طويلة |
| collants (m pl) | klone (m) | كلون |
| bas (m pl) | gawāreb (pl) | جوارب |
| maillot (m) de bain | mayo (m) | مايّوه |

## 33. Les chapeaux

| | | |
|---|---|---|
| chapeau (m) | ṭa'iya (f) | طاقيّة |
| chapeau (m) feutre | borneyṭa (f) | برنيطة |
| casquette (f) de base-ball | base bāl kāb (m) | بيس بول كاب |
| casquette (f) | ṭa'iya mosaṭṭaḥa (f) | طاقيّة مسطحة |
| béret (m) | bereyh (m) | بيريه |
| capuche (f) | γaṭa' (f) | غطاء |
| panama (m) | qobba'et banama (f) | قبّعة بناما |
| bonnet (m) de laine | ays kāb (m) | آيس كاب |
| foulard (m) | eʃarb (m) | إيشارب |
| chapeau (m) de femme | borneyṭa (f) | برنيطة |
| casque (m) (d'ouvriers) | χawza (f) | خوذة |
| calot (m) | kāb (m) | كاب |
| casque (m) (~ de moto) | χawza (f) | خوذة |
| melon (m) | qobba'a (f) | قبّعة |
| haut-de-forme (m) | qobba'a rasmiya (f) | قبّعة رسمية |

## 34. Les chaussures

| | | |
|---|---|---|
| chaussures (f pl) | gezam (pl) | جزم |
| bottines (f pl) | gazma (f) | جزمة |
| souliers (m pl) (~ plats) | gazma (f) | جزمة |
| bottes (f pl) | būt (m) | بوت |
| chaussons (m pl) | ʃebʃeb (m) | شبشب |
| tennis (m pl) | kotʃy tennis (m) | كوتشي تنس |
| baskets (f pl) | kotʃy (m) | كوتشي |
| sandales (f pl) | ṣandal (pl) | صندل |
| cordonnier (m) | eskāfy (m) | إسكافي |
| talon (m) | ka'b (m) | كعب |

| | | |
|---|---|---|
| paire (f) | goze (m) | جوز |
| lacet (m) | ʃerīṭ (m) | شريط |
| lacer (vt) | rabaṭ | ربط |
| chausse-pied (m) | labbāsa el gazma (f) | لبّاسة الجزمة |
| cirage (m) | warnīʃ el gazma (m) | ورنيش الجزمة |

## 35. Le textile. Les tissus

| | | |
|---|---|---|
| coton (m) | 'oṭn (m) | قطن |
| de coton (adj) | 'oṭny | قطني |
| lin (m) | kettān (m) | كتّان |
| de lin (adj) | men el kettān | من الكتّان |
| soie (f) | ḥarīr (m) | حرير |
| de soie (adj) | ḥarīry | حريري |
| laine (f) | ṣūf (m) | صوف |
| en laine (adj) | ṣūfiya | صوفية |
| velours (m) | moχmal (m) | مخمل |
| chamois (m) | geld maz'abar (m) | جلد مزأبر |
| velours (m) côtelé | 'oṭṭn 'aṭīfa (f) | قطن قطيفة |
| nylon (m) | nylon (m) | نايلون |
| en nylon (adj) | men el naylon | من النيلون |
| polyester (m) | bolyester (m) | بوليستر |
| en polyester (adj) | men el bolyastar | من البوليستر |
| cuir (m) | geld (m) | جلد |
| en cuir (adj) | men el geld | من الجلد |
| fourrure (f) | farww (m) | فروّ |
| en fourrure (adj) | men el farww | من الفروّ |

## 36. Les accessoires personnels

| | | |
|---|---|---|
| gants (m pl) | gwanty (m) | جوانتي |
| moufles (f pl) | gwanty men ɣeyr aṣābe' (m) | جوانتي من غير أصابع |
| écharpe (f) | skarf (m) | سكارف |
| lunettes (f pl) | naḍḍāra (f) | نظّارة |
| monture (f) | eṭār (m) | إطار |
| parapluie (m) | ʃamsiya (f) | شمسيّة |
| canne (f) | 'aṣāya (f) | عصاية |
| brosse (f) à cheveux | forʃet ʃa'r (f) | فرشة شعر |
| éventail (m) | marwaḥa (f) | مروّحة |
| cravate (f) | karavetta (f) | كرافتة |
| nœud papillon (m) | bebyona (m) | بيبيونة |
| bretelles (f pl) | ḥammala (f) | حمّالة |
| mouchoir (m) | mandīl (m) | منديل |
| peigne (m) | meʃṭ (m) | مشط |
| barrette (f) | dabbūs (m) | دبّوس |

| | | |
|---|---|---|
| épingle (f) à cheveux | bensa (m) | بنسة |
| boucle (f) | bokla (f) | بكلة |
| ceinture (f) | ḥezām (m) | حزام |
| bandoulière (f) | ḥammalet el ketf (f) | حمّالة الكتف |
| sac (m) | ʃanṭa (f) | شنطة |
| sac (m) à main | ʃanṭet yad (f) | شنطة يد |
| sac (m) à dos | ʃanṭet ḍahr (f) | شنطة ظهر |

## 37. Les vêtements. Divers

| | | |
|---|---|---|
| mode (f) | mūḍa (f) | موضة |
| à la mode (adj) | fel moḍa | في الموضة |
| couturier, créateur de mode | moṣammem azyā' (m) | مصمّم أزياء |
| col (m) | yā'a (f) | ياقة |
| poche (f) | geyb (m) | جيب |
| de poche (adj) | geyb | جيب |
| manche (f) | komm (m) | كمّ |
| bride (f) | 'elāqa (f) | علّاقة |
| braguette (f) | lesān (m) | لسان |
| fermeture (f) à glissière | sosta (f) | سوستة |
| agrafe (f) | maʃbak (m) | مشبك |
| bouton (m) | zerr (m) | زرّ |
| boutonnière (f) | 'arwa (f) | عروة |
| s'arracher (bouton) | we'e' | وقع |
| coudre (vi, vt) | χayaṭ | خيّط |
| broder (vt) | ṭarraz | طرّز |
| broderie (f) | taṭrīz (m) | تطريز |
| aiguille (f) | ebra (f) | إبرة |
| fil (m) | χeyṭ (m) | خيط |
| couture (f) | derz (m) | درز |
| se salir (vp) | ettwassaχ | إتّوسّخ |
| tache (f) | bo''a (f) | بقعة |
| se froisser (vp) | takarmaʃ | تكرمش |
| déchirer (vt) | 'aṭa' | قطع |
| mite (f) | 'etta (f) | عثّة |

## 38. L'hygiène corporelle. Les cosmétiques

| | | |
|---|---|---|
| dentifrice (m) | ma'gūn asnān (m) | معجون أسنان |
| brosse (f) à dents | forʃet senān (f) | فرشة أسنان |
| se brosser les dents | naḍḍaf el asnān | نظّف الأسنان |
| rasoir (m) | mūs (m) | موس |
| crème (f) à raser | krīm ḥelā'a (m) | كريم حلاقة |
| se raser (vp) | ḥala' | حلق |
| savon (m) | ṣabūn (m) | صابون |

| | | |
|---|---|---|
| shampooing (m) | ʃambū (m) | شامبو |
| ciseaux (m pl) | ma'aṣ (m) | مقص |
| lime (f) à ongles | mabrad (m) | مبرد |
| pinces (f pl) à ongles | mel'aṭ (m) | ملقط |
| pince (f) à épiler | mel'aṭ (m) | ملقط |
| produits (m pl) de beauté | mawād tagmīl (pl) | مواد تجميل |
| masque (m) de beauté | mask (m) | ماسك |
| manucure (f) | monekīr (m) | مونيكير |
| se faire les ongles | 'amal monikīr | عمل مونيكير |
| pédicurie (f) | badikīr (m) | باديكير |
| trousse (f) de toilette | ʃanṭet mekyāʒ (f) | شنطة مكياج |
| poudre (f) | bodret weʃ (f) | بودرة وش |
| poudrier (m) | 'elbet bodra (f) | علبة بودرة |
| fard (m) à joues | aḥmar χodūd (m) | أحمر خدود |
| parfum (m) | barfān (m) | بارفان |
| eau (f) de toilette | kolonya (f) | كولونيا |
| lotion (f) | loʃion (m) | لوشن |
| eau de Cologne (f) | kolonya (f) | كولونيا |
| fard (m) à paupières | eyeʃadow (m) | ايَ شادو |
| crayon (m) à paupières | koḥl (m) | كحل |
| mascara (m) | maskara (f) | ماسكارا |
| rouge (m) à lèvres | rūʒ (m) | روج |
| vernis (m) à ongles | monekīr (m) | مونيكير |
| laque (f) pour les cheveux | mosabbet el ʃa'r (m) | مثبّت الشعر |
| déodorant (m) | mozīl 'ara' (m) | مزيل عرق |
| crème (f) | krīm (m) | كريم |
| crème (f) pour le visage | krīm lel weʃ (m) | كريم للوش |
| crème (f) pour les mains | krīm eyd (m) | كريم أيد |
| crème (f) anti-rides | krīm moḍād lel taga'īd (m) | كريم مضاد للتجاعيد |
| crème (f) de jour | krīm en nahār (m) | كريم النهار |
| crème (f) de nuit | krīm el leyl (m) | كريم الليل |
| de jour (adj) | nahāry | نهاري |
| de nuit (adj) | layly | ليّلي |
| tampon (m) | tambon (m) | تانبون |
| papier (m) de toilette | wara' twalet (m) | ورق تواليت |
| sèche-cheveux (m) | seʃwār (m) | سشوار |

## 39. Les bijoux. La bijouterie

| | | |
|---|---|---|
| bijoux (m pl) | mogawharāt (pl) | مجوّهرات |
| précieux (adj) | ɣāly | غالي |
| poinçon (m) | damɣa (f) | دمغة |
| bague (f) | χātem (m) | خاتم |
| alliance (f) | deblet el faraḥ (m) | دبلة الفرح |
| bracelet (m) | eswera (m) | إسوّرة |
| boucles (f pl) d'oreille | ḥala' (m) | حلق |

| | | |
|---|---|---|
| collier (m) (de perles) | ʿo'd (m) | عقد |
| couronne (f) | tāg (m) | تاج |
| collier (m) (en verre, etc.) | ʿo'd χaraz (m) | عقد خرز |
| diamant (m) | almāz (m) | ألماز |
| émeraude (f) | zomorrod (m) | زمرّد |
| rubis (m) | ya'ūt aḥmar (m) | ياقوت أحمر |
| saphir (m) | ya'ūt azra' (m) | ياقوت أزرق |
| perle (f) | lo'lo' (m) | لؤلؤ |
| ambre (m) | kahramān (m) | كهرمان |

## 40. Les montres. Les horloges

| | | |
|---|---|---|
| montre (f) | sāʿa (f) | ساعة |
| cadran (m) | wag-h el sāʿa (m) | وجه الساعة |
| aiguille (f) | ʿa'rab el sāʿa (m) | عقرب الساعة |
| bracelet (m) | ʃerī'ṭ sāʿa maʿdaniya (m) | شريط ساعة معدنية |
| bracelet (m) (en cuir) | ʃerī'ṭ el sāʿa (m) | شريط الساعة |
| pile (f) | baṭṭariya (f) | بطّاريّة |
| être déchargé | χelṣet | خلصت |
| changer de pile | ɣayar el baṭṭariya | غيّر البطّاريّة |
| avancer (vi) | saba' | سبق |
| retarder (vi) | ta'akχar | تأخّر |
| pendule (f) | sāʿet ḥeyṭa (f) | ساعة حيطة |
| sablier (m) | sāʿa ramliya (f) | ساعة رمليّة |
| cadran (m) solaire | sāʿa ʃamsiya (f) | ساعة شمسيّة |
| réveil (m) | monabbeh (m) | منبّه |
| horloger (m) | saʿāty (m) | ساعاتي |
| réparer (vt) | ṣallaḥ | صلّح |

# Les aliments. L'alimentation

## 41. Les aliments

| | | |
|---|---|---|
| viande (f) | laḥma (f) | لحمة |
| poulet (m) | ferāχ (m) | فراخ |
| poulet (m) (poussin) | farrūg (m) | فروج |
| canard (m) | baṭṭa (f) | بطّة |
| oie (f) | wezza (f) | وزّة |
| gibier (m) | ṣeyd (m) | صيد |
| dinde (f) | dīk rūmy (m) | ديك رومي |
| du porc | laḥm el χanazīr (m) | لحم الخنزير |
| du veau | laḥm el ʿegl (m) | لحم العجل |
| du mouton | laḥm ḍāny (m) | لحم ضاني |
| du bœuf | laḥm baqary (m) | لحم بقري |
| lapin (m) | laḥm arāneb (m) | لحم أرانب |
| saucisson (m) | sogo'' (m) | سجق |
| saucisse (f) | sogo'' (m) | سجق |
| bacon (m) | bakon (m) | بيكون |
| jambon (m) | hām(m) | هام |
| cuisse (f) | faχd χanzīr (m) | فخد خنزير |
| pâté (m) | maʿgūn laḥm (m) | معجون لحم |
| foie (m) | kebda (f) | كبدة |
| farce (f) | hamburger (m) | هامبورجر |
| langue (f) | lesān (m) | لسان |
| œuf (m) | beyḍa (f) | بيضة |
| les œufs | beyḍ (m) | بيض |
| blanc (m) d'œuf | bayāḍ el beyḍ (m) | بياض البيض |
| jaune (m) d'œuf | ṣafār el beyḍ (m) | صفار البيض |
| poisson (m) | samak (m) | سمك |
| fruits (m pl) de mer | sīfūd (pl) | سي فود |
| caviar (m) | kaviar (m) | كافيار |
| crabe (m) | kaboria (m) | كابوريا |
| crevette (f) | gammbary (m) | جمبري |
| huître (f) | maḥār (m) | محار |
| langoustine (f) | estakoza (m) | استاكوزا |
| poulpe (m) | aχṭabūṭ (m) | أخطبوط |
| calamar (m) | kalmāry (m) | كالماري |
| esturgeon (m) | samak el ḥafʃ (m) | سمك الحفش |
| saumon (m) | salamon (m) | سلمون |
| flétan (m) | samak el halbūt (m) | سمك الهلبوت |
| morue (f) | samak el qadd (m) | سمك القد |
| maquereau (m) | makerel (m) | ماكريل |

| | | |
|---|---|---|
| thon (m) | tuna (f) | تونة |
| anguille (f) | ḥankalīs (m) | حنكليس |
| truite (f) | salamon mera''aṭ (m) | سلمون مرقّط |
| sardine (f) | sardīn (m) | سردين |
| brochet (m) | samak el karāky (m) | سمك الكراكي |
| hareng (m) | renga (f) | رنجة |
| pain (m) | 'eyʃ (m) | عيش |
| fromage (m) | gebna (f) | جبنة |
| sucre (m) | sokkar (m) | سكّر |
| sel (m) | melḥ (m) | ملح |
| riz (m) | rozz (m) | رزّ |
| pâtes (m pl) | makaruna (f) | مكرونة |
| nouilles (f pl) | nūdles (f) | نودلز |
| beurre (m) | zebda (f) | زبدة |
| huile (f) végétale | zeyt (m) | زيت |
| huile (f) de tournesol | zeyt 'abbād el ʃams (m) | زيت عبّاد الشمس |
| margarine (f) | margarīn (m) | مارجرين |
| olives (f pl) | zaytūn (m) | زيتون |
| huile (f) d'olive | zeyt el zaytūn (m) | زيت الزيتون |
| lait (m) | laban (m) | لبن |
| lait (m) condensé | ḥalīb mokassaf (m) | حليب مكثّف |
| yogourt (m) | zabādy (m) | زبادي |
| crème (f) aigre | kreyma ḥamḍa (f) | كريمة حامضة |
| crème (f) (de lait) | krīma (f) | كريمة |
| sauce (f) mayonnaise | mayonnɛ:z (m) | مايونيز |
| crème (f) au beurre | krīmet zebda (f) | كريمة زبدة |
| gruau (m) | ḥobūb 'amḥ (pl) | حبوب قمح |
| farine (f) | de'ī' (m) | دقيق |
| conserves (f pl) | mo'allabāt (pl) | معلّبات |
| pétales (m pl) de maïs | korn fleks (m) | كورن فليكس |
| miel (m) | 'asal (m) | عسل |
| confiture (f) | mrabba (m) | مربّى |
| gomme (f) à mâcher | lebān (m) | لبان |

## 42. Les boissons

| | | |
|---|---|---|
| eau (f) | meyāh (f) | مياه |
| eau (f) potable | mayet ʃorb (m) | ميّة شرب |
| eau (f) minérale | maya ma'daniya (f) | ميّة معدنية |
| plate (adj) | rakeda | راكدة |
| gazeuse (l'eau ~) | kanz | كانز |
| pétillante (adj) | kanz | كانز |
| glace (f) | talg (m) | ثلج |
| avec de la glace | bel talg | بالتلج |

| | | |
|---|---|---|
| sans alcool | men ɣeyr koḥūl | من غير كحول |
| boisson (f) non alcoolisée | maʃrūb ɣāzy (m) | مشروب غازي |
| rafraîchissement (m) | ḥāga saʾʿa (f) | حاجة ساقعة |
| limonade (f) | limonāta (f) | ليموناتة |
| boissons (f pl) alcoolisées | maʃrūbāt koḥūliya (pl) | مشروبات كحولية |
| vin (m) | χamra (f) | خمرة |
| vin (m) blanc | nebīz abyaḍ (m) | نبيذ أبيض |
| vin (m) rouge | nebī aḥmar (m) | نبيذ أحمر |
| liqueur (f) | liqure (m) | ليكيور |
| champagne (m) | ʃambania (f) | شمبانيا |
| vermouth (m) | vermote (m) | فيرموت |
| whisky (m) | wiski (m) | ويسكي |
| vodka (f) | vodka (f) | فودكا |
| gin (m) | ʒin (m) | جين |
| cognac (m) | konyāk (m) | كونياك |
| rhum (m) | rum (m) | رم |
| café (m) | ʾahwa (f) | قهوة |
| café (m) noir | ʾahwa sāda (f) | قهوة سادة |
| café (m) au lait | ʾahwa bel ḥalīb (f) | قهوة بالحليب |
| cappuccino (m) | kaputʃino (m) | كابتشينو |
| café (m) soluble | neskafe (m) | نيسكافيه |
| lait (m) | laban (m) | لبن |
| cocktail (m) | koktayl (m) | كوكتيل |
| cocktail (m) au lait | milk ʃejk (m) | ميلك شيك |
| jus (m) | ʿaṣīr (m) | عصير |
| jus (m) de tomate | ʿaṣīr ṭamāṭem (m) | عصير طماطم |
| jus (m) d'orange | ʿaṣīr bortoqāl (m) | عصير برتقال |
| jus (m) pressé | ʿaṣīr freʃ (m) | عصير فريش |
| bière (f) | bīra (f) | بيرة |
| bière (f) blonde | bīra χafīfa (f) | بيرة خفيفة |
| bière (f) brune | bīra ɣamʾa (f) | بيرة غامقة |
| thé (m) | ʃāy (m) | شاي |
| thé (m) noir | ʃāy aḥmar (m) | شاي أحمر |
| thé (m) vert | ʃāy aχḍar (m) | شاي أخضر |

## 43. Les légumes

| | | |
|---|---|---|
| légumes (m pl) | χoḍār (pl) | خضار |
| verdure (f) | χoḍrawāt waraqiya (pl) | خضروات ورقية |
| tomate (f) | ṭamāṭem (f) | طماطم |
| concombre (m) | χeyār (m) | خيار |
| carotte (f) | gazar (m) | جزر |
| pomme (f) de terre | baṭāṭes (f) | بطاطس |
| oignon (m) | baṣal (m) | بصل |
| ail (m) | tūm (m) | ثوم |

| | | |
|---|---|---|
| chou (m) | koronb (m) | كرنب |
| chou-fleur (m) | ʾarnabīṭ (m) | قرنبيط |
| chou (m) de Bruxelles | koronb broksel (m) | كرنب بروكسل |
| brocoli (m) | brokkoli (m) | بركولي |
| betterave (f) | bangar (m) | بنجر |
| aubergine (f) | bātengān (m) | باذنجان |
| courgette (f) | kōsa (f) | كوسة |
| potiron (m) | qarʿ ʿasaly (m) | قرع عسلي |
| navet (m) | left (m) | لفت |
| persil (m) | baʾdūnes (m) | بقدونس |
| fenouil (m) | ʃabat (m) | شبت |
| laitue (f) (salade) | χass (m) | خسّ |
| céleri (m) | karfas (m) | كرفس |
| asperge (f) | helione (m) | هليون |
| épinard (m) | sabāneχ (m) | سبانخ |
| pois (m) | besella (f) | بسلّة |
| fèves (f pl) | fūl (m) | فول |
| maïs (m) | dora (f) | ذرة |
| haricot (m) | faṣolya (f) | فاصوليا |
| poivron (m) | felfel (m) | فلفل |
| radis (m) | fegl (m) | فجل |
| artichaut (m) | χarʃūf (m) | خرشوف |

## 44. Les fruits. Les noix

| | | |
|---|---|---|
| fruit (m) | faχa (f) | فاكهة |
| pomme (f) | toffāḥa (f) | تفّاحة |
| poire (f) | komettra (f) | كمّثرى |
| citron (m) | lymūn (m) | ليمون |
| orange (f) | bortoqāl (m) | برتقال |
| fraise (f) | farawla (f) | فراولة |
| mandarine (f) | yosfy (m) | يوسفي |
| prune (f) | barʾūʾ (m) | برقوق |
| pêche (f) | χawχa (f) | خوخة |
| abricot (m) | meʃmeʃ (f) | مشمش |
| framboise (f) | tūt el ʿalīʾ el aḥmar (m) | توت العليق الأحمر |
| ananas (m) | ananās (m) | أناناس |
| banane (f) | moze (m) | موز |
| pastèque (f) | baṭṭīχ (m) | بطّيخ |
| raisin (m) | ʿenab (m) | عنب |
| merise (f), cerise (f) | karaz (m) | كرز |
| melon (m) | ʃammām (f) | شمّام |
| pamplemousse (m) | grabe frūt (m) | جريب فروت |
| avocat (m) | avokado (f) | افوكاتو |
| papaye (f) | babāya (m) | ببايا |
| mangue (f) | manga (m) | مانجة |
| grenade (f) | rommān (m) | رمان |

| | | |
|---|---|---|
| groseille (f) rouge | keʃmeʃ aḥmar (m) | كشمش أحمر |
| cassis (m) | keʃmeʃ aswad (m) | كشمش أسود |
| groseille (f) verte | ʻenab el saʻlab (m) | عنب الثعلب |
| myrtille (f) | ʻenab al aḥrāg (m) | عنب الأحراج |
| mûre (f) | tūt aswad (m) | توت أسود |
| raisin (m) sec | zebīb (m) | زبيب |
| figue (f) | tīn (m) | تين |
| datte (f) | tamr (m) | تمر |
| cacahuète (f) | fūl sudāny (m) | فول سوداني |
| amande (f) | loze (m) | لوز |
| noix (f) | ʻeyn gamal (f) | عين الجمل |
| noisette (f) | bondoʼ (m) | بندق |
| noix (f) de coco | goze el hend (m) | جوز هند |
| pistaches (f pl) | fostoʼ (m) | فستق |

## 45. Le pain. Les confiseries

| | | |
|---|---|---|
| confiserie (f) | ḥalawīāt (pl) | حلويّات |
| pain (m) | ʻeyʃ (m) | عيش |
| biscuit (m) | baskawīt (m) | بسكويت |
| chocolat (m) | ʃokolāta (f) | شكولاتة |
| en chocolat (adj) | bel ʃokolāṭa | بالشكولاتة |
| bonbon (m) | bonbony (m) | بونبوني |
| gâteau (m), pâtisserie (f) | keyka (f) | كيكة |
| tarte (f) | torta (f) | تورتة |
| gâteau (m) | feṭīra (f) | فطيرة |
| garniture (f) | ḥaʃwa (f) | حشوة |
| confiture (f) | mrabba (m) | مربّى |
| marmelade (f) | marmalād (f) | مرملاد |
| gaufre (f) | waffles (pl) | وافلز |
| glace (f) | ʼays krīm (m) | آيس كريم |
| pudding (m) | būding (m) | بودنج |

## 46. Les plats cuisinés

| | | |
|---|---|---|
| plat (m) | wagba (f) | وجبة |
| cuisine (f) | maṭbaχ (m) | مطبخ |
| recette (f) | waṣfa (f) | وصفة |
| portion (f) | naṣīb (m) | نصيب |
| salade (f) | solṭa (f) | سلطة |
| soupe (f) | ʃorba (f) | شوربة |
| bouillon (m) | maraʼa (m) | مرقة |
| sandwich (m) | sandawitʃ (m) | ساندويتش |
| les œufs brouillés | beyḍ maʼly (m) | بيض مقلي |
| hamburger (m) | hamburger (m) | هامبورجر |

| | | |
|---|---|---|
| steak (m) | steak laḥm (m) | ستيك لحم |
| garniture (f) | ṭaba' gāneby (m) | طبق جانبي |
| spaghettis (m pl) | spaɣetti (m) | سباجيتي |
| purée (f) | baṭāṭes mahrūsa (f) | بطاطس مهروسة |
| pizza (f) | bītza (f) | بيتزا |
| bouillie (f) | 'aṣīda (f) | عصيدة |
| omelette (f) | omlette (m) | اومليت |
| cuit à l'eau (adj) | maslū' | مسلوق |
| fumé (adj) | modakχen | مدخّن |
| frit (adj) | ma'ly | مقلي |
| sec (adj) | mogaffaf | مجفّف |
| congelé (adj) | mogammad | مجمّد |
| mariné (adj) | meχallel | مخلّل |
| sucré (adj) | mesakkar | مسكّر |
| salé (adj) | māleḥ | مالح |
| froid (adj) | bāred | بارد |
| chaud (adj) | soχn | سخن |
| amer (adj) | morr | مرّ |
| bon (savoureux) | ḥelw | حلو |
| cuire à l'eau | sala' | سلق |
| préparer (le dîner) | ḥaḍḍar | حضّر |
| faire frire | 'ala | قلي |
| réchauffer (vt) | sakχan | سخّن |
| saler (vt) | rasʃ malḥ | رشّ ملح |
| poivrer (vt) | rasʃ felfel | رشّ فلفل |
| râper (vt) | baraʃ | برش |
| peau (f) | 'eʃra (f) | قشرة |
| éplucher (vt) | 'asʃar | قشّر |

## 47. Les épices

| | | |
|---|---|---|
| sel (m) | melḥ (m) | ملح |
| salé (adj) | māleḥ | مالح |
| saler (vt) | rasʃ malḥ | رش ملح |
| poivre (m) noir | felfel aswad (m) | فلفل أسوّد |
| poivre (m) rouge | felfel aḥmar (m) | فلفل أحمر |
| moutarde (f) | mosṭarda (m) | مسطردة |
| raifort (m) | fegl ḥār (m) | فجل حار |
| condiment (m) | bahār (m) | بهار |
| épice (f) | bahār (m) | بهار |
| sauce (f) | ṣalṣa (f) | صلصة |
| vinaigre (m) | χall (m) | خلّ |
| anis (m) | yansūn (m) | ينسون |
| basilic (m) | rīḥān (m) | ريحان |
| clou (m) de girofle | 'oronfol (m) | قرنفل |
| gingembre (m) | zangabīl (m) | زنجبيل |
| coriandre (m) | kozbora (f) | كزبرة |

| | | |
|---|---|---|
| cannelle (f) | ʾerfa (f) | قرفة |
| sésame (m) | semsem (m) | سمسم |
| feuille (f) de laurier | waraʾ el ɣār (m) | ورق الغار |
| paprika (m) | babrika (f) | بابريكا |
| cumin (m) | karawya (f) | كراوية |
| safran (m) | zaʿfarān (m) | زعفران |

## 48. Les repas

| | | |
|---|---|---|
| nourriture (f) | akl (m) | أكل |
| manger (vi, vt) | akal | أكل |
| petit déjeuner (m) | foṭūr (m) | فطور |
| prendre le petit déjeuner | feṭer | فطر |
| déjeuner (m) | ɣadaʾ (m) | غداء |
| déjeuner (vi) | etɣadda | إتغدّى |
| dîner (m) | ʿaʃāʾ (m) | عشاء |
| dîner (vi) | etʿasʃa | إتعشّى |
| appétit (m) | ʃahiya (f) | شهيّة |
| Bon appétit! | bel hana wel ʃefa! | بالهنا والشفا! |
| ouvrir (vt) | fataḥ | فتح |
| renverser (liquide) | dalaʾ | دلق |
| se renverser (liquide) | dalaʾ | دلق |
| bouillir (vi) | ɣely | غلى |
| faire bouillir | ɣely | غلى |
| bouilli (l'eau ~e) | maɣly | مغلي |
| refroidir (vt) | barrad | برّد |
| se refroidir (vp) | barrad | برّد |
| goût (m) | ṭaʿm (m) | طعم |
| arrière-goût (m) | ṭaʿm ma baʿd el mazāq (m) | طعم ما بعد المذاق |
| suivre un régime | χass | خسّ |
| régime (m) | reʒīm (m) | رجيم |
| vitamine (f) | vitamīn (m) | فيتامين |
| calorie (f) | soʿra ḥarāriya (f) | سعرة حراريّة |
| végétarien (m) | nabāty (m) | نباتي |
| végétarien (adj) | nabāty | نباتي |
| lipides (m pl) | dohūn (pl) | دهون |
| protéines (f pl) | brotenāt (pl) | بروتينات |
| glucides (m pl) | naʃawīāt (pl) | نشويّات |
| tranche (f) | ʃarīḥa (f) | شريحة |
| morceau (m) | ʾeṭʿa (f) | قطعة |
| miette (f) | fattāta (f) | فتاتة |

## 49. Le dressage de la table

| | | |
|---|---|---|
| cuillère (f) | maʿlaʾa (f) | معلقة |
| couteau (m) | sekkīna (f) | سكّينة |

| | | |
|---|---|---|
| fourchette (f) | ʃawka (f) | شوكة |
| tasse (f) | fengān (m) | فنجان |
| assiette (f) | ṭaba' (m) | طبق |
| soucoupe (f) | ṭaba' fengān (m) | طبق فنجان |
| serviette (f) | mandīl wara' (m) | منديل ورق |
| cure-dent (m) | χallet senān (f) | خلة سنان |

## 50. Le restaurant

| | | |
|---|---|---|
| restaurant (m) | maṭʿam (m) | مطعم |
| salon (m) de café | 'ahwa (f), kaféih (m) | قهوة, كافيه |
| bar (m) | bār (m) | بار |
| salon (m) de thé | ṣalone ʃāy (m) | صالون شاي |
| serveur (m) | garsone (m) | جرسون |
| serveuse (f) | garsona (f) | جرسونة |
| barman (m) | bārman (m) | بارمان |
| carte (f) | qā'emet el ṭaʿām (f) | قائمة طعام |
| carte (f) des vins | qā'emet el χomūr (f) | قائمة خمور |
| réserver une table | ḥagaz sofra | حجز سفرة |
| plat (m) | wagba (f) | وجبة |
| commander (vt) | ṭalab | طلب |
| faire la commande | ṭalab | طلب |
| apéritif (m) | ʃarāb (m) | شراب |
| hors-d'œuvre (m) | moqabbelāt (pl) | مقبّلات |
| dessert (m) | ḥalawīāt (pl) | حلويّات |
| addition (f) | ḥesāb (m) | حساب |
| régler l'addition | dafaʿ el ḥesāb | دفع الحساب |
| rendre la monnaie | edda el bā'y | ادّي الباقي |
| pourboire (m) | ba'ʃīʃ (m) | بقشيش |

# La famille. Les parents. Les amis

## 51. Les données personnelles. Les formulaires

| | | |
|---|---|---|
| prénom (m) | esm (m) | اسم |
| nom (m) de famille | esm el 'a'ela (m) | اسم العائلة |
| date (f) de naissance | tarīχ el melād (m) | تاريخ الميلاد |
| lieu (m) de naissance | makān el melād (m) | مكان الميلاد |
| nationalité (f) | gensiya (f) | جنسيّة |
| domicile (m) | maqarr el eqāma (m) | مقرّ الإقامة |
| pays (m) | balad (m) | بلد |
| profession (f) | mehna (f) | مهنة |
| sexe (m) | ginss (m) | جنس |
| taille (f) | ṭūl (m) | طول |
| poids (m) | wazn (m) | وزن |

## 52. La famille. Les liens de parenté

| | | |
|---|---|---|
| mère (f) | walda (f) | والدة |
| père (m) | wāled (m) | والد |
| fils (m) | walad (m) | ولد |
| fille (f) | bent (f) | بنت |
| fille (f) cadette | el bent el saɣīra (f) | البنت الصغيرة |
| fils (m) cadet | el ebn el saɣīr (m) | الابن الصغير |
| fille (f) aînée | el bent el kebīra (f) | البنت الكبيرة |
| fils (m) aîné | el ebn el kabīr (m) | الابن الكبير |
| frère (m) | aχ (m) | أخ |
| frère (m) aîné | el aχ el kibīr (m) | الأخ الكبير |
| frère (m) cadet | el aχ el ṣoɣeyyir (m) | الأخ الصغير |
| sœur (f) | oχt (f) | أخت |
| sœur (f) aînée | el uχt el kibīra (f) | الأخت الكبيرة |
| sœur (f) cadette | el uχt el ṣoɣeyyira (f) | الأخت الصغيرة |
| cousin (m) | ibn 'amm (m), ibn χāl (m) | إبن عمّ, إبن خال |
| cousine (f) | bint 'amm (f), bint χāl (f) | بنت عم, بنت خال |
| maman (f) | mama (f) | ماما |
| papa (m) | baba (m) | بابا |
| parents (m pl) | waldeyn (du) | والدين |
| enfant (m, f) | ṭefl (m) | طفل |
| enfants (pl) | aṭfāl (pl) | أطفال |
| grand-mère (f) | gedda (f) | جدّة |
| grand-père (m) | gadd (m) | جدّ |
| petit-fils (m) | ḥafīd (m) | حفيد |

| | | |
|---|---|---|
| petite-fille (f) | ḥafīda (f) | حفيدة |
| petits-enfants (pl) | aḥfād (pl) | أحفاد |
| | | |
| oncle (m) | ʿamm (m), χāl (m) | عمّ, خال |
| tante (f) | ʿamma (f), χāla (f) | عمّة, خالة |
| neveu (m) | ibn el aχ (m), ibn el uχt (m) | إبن الأخ, إبن الأخت |
| nièce (f) | bint el aχ (f), bint el uχt (f) | بنت الأخ, بنت الأخت |
| belle-mère (f) | ḥamah (f) | حماة |
| beau-père (m) | ḥama (m) | حما |
| gendre (m) | goze el bent (m) | جوز البنت |
| belle-mère (f) | merāt el abb (f) | مرات الأب |
| beau-père (m) | goze el omm (m) | جوز الأم |
| | | |
| nourrisson (m) | ṭefl raḍeeʿ (m) | طفل رضيع |
| bébé (m) | mawlūd (m) | موّلود |
| petit (m) | walad ṣaɣīr (m) | ولد صغير |
| | | |
| femme (f) | goza (f) | جوزة |
| mari (m) | goze (m) | جوز |
| époux (m) | goze (m) | جوز |
| épouse (f) | goza (f) | جوزة |
| | | |
| marié (adj) | metgawwez | متجوّز |
| mariée (adj) | metgawweza | متجوّزة |
| célibataire (adj) | aʿzab | أعزب |
| célibataire (m) | aʿzab (m) | أعزب |
| divorcé (adj) | moṭallaq (m) | مطلّق |
| veuve (f) | armala (f) | أرملة |
| veuf (m) | armal (m) | أرمل |
| | | |
| parent (m) | ʾarīb (m) | قريب |
| parent (m) proche | nesīb ʾarīb (m) | نسيب قريب |
| parent (m) éloigné | nesīb beʿīd (m) | نسيب بعيد |
| parents (m pl) | aqāreb (pl) | أقارب |
| | | |
| orphelin (m), orpheline (f) | yatīm (m) | يتيم |
| tuteur (m) | walyī amr (m) | وليّ أمر |
| adopter (un garçon) | tabanna | تبنّى |
| adopter (une fille) | tabanna | تبنّى |

## 53. Les amis. Les collègues

| | | |
|---|---|---|
| ami (m) | ṣadīq (m) | صديق |
| amie (f) | ṣadīqa (f) | صديقة |
| amitié (f) | ṣadāqa (f) | صداقة |
| être ami | ṣādaq | صادق |
| | | |
| copain (m) | ṣāḥeb (m) | صاحب |
| copine (f) | ṣaḥba (f) | صاحبة |
| partenaire (m) | rafīʾ (m) | رفيق |
| | | |
| chef (m) | raʾīs (m) | رئيس |
| supérieur (m) | el arfaʿ maqāman (m) | الأرفع مقاماً |
| propriétaire (m) | ṣāḥib (m) | صاحب |

| | | |
|---|---|---|
| subordonné (m) | tābeʿ (m) | تابع |
| collègue (m, f) | zamīl (m) | زميل |
| connaissance (f) | maʿrefa (m) | معرفة |
| compagnon (m) de route | rafīʾ safar (m) | رفيق سفر |
| copain (m) de classe | zamīl fel ṣaff (m) | زميل في الصفّ |
| voisin (m) | gār (m) | جار |
| voisine (f) | gāra (f) | جارة |
| voisins (m pl) | gerān (pl) | جيران |

## 54. L'homme. La femme

| | | |
|---|---|---|
| femme (f) | set (f) | ست |
| jeune fille (f) | bent (f) | بنت |
| fiancée (f) | ʿarūsa (f) | عروسة |
| belle (adj) | gamīla | جميلة |
| de grande taille | ṭawīla | طويلة |
| svelte (adj) | raʃīqa | رشيقة |
| de petite taille | ʾaṣīra | قصيرة |
| blonde (f) | ʃaʾra (f) | شقراء |
| brune (f) | zāt al ʃaʿr el dāken (f) | ذات الشعر الداكن |
| de femme (adj) | sayedāt | سيّدات |
| vierge (f) | ʿazrāʾ (f) | عذراء |
| enceinte (adj) | ḥāmel | حامل |
| homme (m) | rāgel (m) | راجل |
| blond (m) | aʃʾar (m) | أشقر |
| brun (m) | zu el ʃaʿr el dāken (m) | ذو الشعر الداكن |
| de grande taille | ṭawīl | طويل |
| de petite taille | ʾaṣīr | قصير |
| rude (adj) | waqeḥ | وقح |
| trapu (adj) | malyān | مليان |
| robuste (adj) | matīn | متين |
| fort (adj) | ʾawy | قويّ |
| force (f) | ʾowwa (f) | قوّة |
| gros (adj) | teχīn | تخين |
| basané (adj) | asmar | أسمر |
| svelte (adj) | raʃīq | رشيق |
| élégant (adj) | anīq | أنيق |

## 55. L'age

| | | |
|---|---|---|
| âge (m) | ʿomr (m) | عمر |
| jeunesse (f) | ʃabāb (m) | شباب |
| jeune (adj) | ʃāb | شاب |
| plus jeune (adj) | aṣɣar | أصغر |

| | | |
|---|---|---|
| plus âgé (adj) | akbar | أكبر |
| jeune homme (m) | ʃāb (m) | شاب |
| adolescent (m) | morāheq (m) | مراهق |
| gars (m) | ʃāb (m) | شاب |
| vieillard (m) | ʿagūz (m) | عجوز |
| vieille femme (f) | ʿagūza (f) | عجوزة |
| adulte (m) | rāʃed (m) | راشد |
| d'âge moyen (adj) | fe montaṣaf el ʿomr | في منتصف العمر |
| âgé (adj) | ʿagūz | عجوز |
| vieux (adj) | ʿagūz | عجوز |
| retraite (f) | maʿāʃ (m) | معاش |
| prendre sa retraite | oḥīl ʿala el maʿāʃ | أحيل على المعاش |
| retraité (m) | motaqāʿed (m) | متقاعد |

## 56. Les enfants. Les adolescents

| | | |
|---|---|---|
| enfant (m, f) | ṭefl (m) | طفل |
| enfants (pl) | aṭfāl (pl) | أطفال |
| jumeaux (m pl) | tawʾam (du) | توأم |
| berceau (m) | mahd (m) | مهد |
| hochet (m) | χoʃχeyʃa (f) | خشخيشة |
| couche (f) | bambarz, ḥaffāḍ (m) | بامبرز, حفاض |
| tétine (f) | bazzāza (f) | بزّازة |
| poussette (m) | ʿarabet aṭfāl (f) | عربة أطفال |
| école (f) maternelle | rawḍet aṭfāl (f) | روضة أطفال |
| baby-sitter (m, f) | dāda (f) | دادة |
| enfance (f) | ṭofūla (f) | طفولة |
| poupée (f) | ʿarūsa (f) | عروسة |
| jouet (m) | leʿba (f) | لعبة |
| jeu (m) de construction | mokaʿʿabāt (pl) | مكعّبات |
| bien élevé (adj) | moʾaddab | مؤدّب |
| mal élevé (adj) | ʾalīl el adab | قليل الأدب |
| gâté (adj) | metdallaʿ | متدلّع |
| faire le vilain | ʃefy | شقي |
| vilain (adj) | laʿūb | لعوب |
| espièglerie (f) | ezʿāg (m) | إزعاج |
| vilain (m) | ṭefl laʿūb (m) | طفل لعوب |
| obéissant (adj) | moṭeeʿ | مطيع |
| désobéissant (adj) | ʿāq | عاقّ |
| sage (adj) | ʿāʾel | عاقل |
| intelligent (adj) | zaky | ذكي |
| l'enfant prodige | ṭefl moʿgeza (m) | طفل معجزة |

## 57. Les couples mariés. La vie de famille

| | | |
|---|---|---|
| embrasser (sur les lèvres) | bās | باس |
| s'embrasser (vp) | bās | باس |
| famille (f) | ʿeyla (f) | عيلة |
| familial (adj) | ʿā'ely | عائلي |
| couple (m) | gozeyn (du) | جوزين |
| mariage (m) (~ civil) | gawāz (m) | جواز |
| foyer (m) familial | beyt (m) | بيت |
| dynastie (f) | solāla ḥākema (f) | سلالة حاكمة |
| rendez-vous (m) | mawʿed (m) | موعد |
| baiser (m) | bosa (f) | بوسة |
| amour (m) | ḥobb (m) | حبّ |
| aimer (qn) | ḥabb | حبّ |
| aimé (adj) | ḥabīb | حبيب |
| tendresse (f) | ḥanān (m) | حنان |
| tendre (affectueux) | ḥanūn | حنون |
| fidélité (f) | el eχlāṣ (m) | الإخلاص |
| fidèle (adj) | moχleṣ | مخلص |
| soin (m) (~ de qn) | ʿenāya (f) | عناية |
| attentionné (adj) | mohtamm | مهتّم |
| jeunes mariés (pl) | ʿarūseyn (du) | عروسين |
| lune (f) de miel | ʃahr el ʿasal (m) | شهر العسل |
| se marier (prendre pour époux) | tagawwaz | تجوّز |
| se marier (prendre pour épouse) | tagawwaz | تجوّز |
| mariage (m) | faraḥ (m) | فرح |
| les noces d'or | el zekra el χamsīn lel gawāz (f) | الذكرى الخمسين للجواز |
| anniversaire (m) | zekra sanawiya (f) | ذكرى سنوية |
| amant (m) | ḥabīb (m) | حبيب |
| maîtresse (f) | ḥabība (f) | حبيبة |
| adultère (m) | χeyāna zawgiya (f) | خيانة زوّجية |
| commettre l'adultère | χān | خان |
| jaloux (adj) | ɣayūr | غيّور |
| être jaloux | ɣār | غار |
| divorce (m) | ṭalā' (m) | طلاق |
| divorcer (vi) | ṭalla' | طلّق |
| se disputer (vp) | etχāne' | إتخانق |
| se réconcilier (vp) | taṣālaḥ | تصالح |
| ensemble (adv) | maʿ baʿḍ | مع بعض |
| sexe (m) | ginss (m) | جنس |
| bonheur (m) | saʿāda (f) | سعادة |
| heureux (adj) | saʿīd | سعيد |
| malheur (m) | moṣība (m) | مصيبة |
| malheureux (adj) | taʿīs | تعيس |

# Le caractère. Les émotions

## 58. Les sentiments. Les émotions

| | | |
|---|---|---|
| sentiment (m) | ʃo'ūr (m) | شعور |
| sentiments (m pl) | maʃā'er (pl) | مشاعر |
| sentir (vt) | ʃa'ar | شعر |
| faim (f) | gū' (m) | جوع |
| avoir faim | 'āyez 'ākol | عايز آكل |
| soif (f) | 'aṭaʃ (m) | عطش |
| avoir soif | 'āyez aʃrab | عايز أشرب |
| somnolence (f) | ne'ās (m) | نعاس |
| avoir sommeil | ne'es | نعس |
| fatigue (f) | ta'ab (m) | تعب |
| fatigué (adj) | ta'bān | تعبان |
| être fatigué | te'eb | تعب |
| humeur (f) (de bonne ~) | mazāg (m) | مزاج |
| ennui (m) | malal (m) | ملل |
| s'ennuyer (vp) | zehe' | زهق |
| solitude (f) | 'ozla (f) | عزلة |
| s'isoler (vp) | 'azal | عزل |
| inquiéter (vt) | a'la' | أقلق |
| s'inquiéter (vp) | 'ele' | قلق |
| inquiétude (f) | 'ala' (m) | قلق |
| préoccupation (f) | 'ala' (m) | قلق |
| soucieux (adj) | maʃɣūl el bāl | مشغول البال |
| s'énerver (vp) | etwattar | إتوّتر |
| paniquer (vi) | etχaḍḍ | إتخضّ |
| espoir (m) | amal (m) | أمل |
| espérer (vi) | tamanna | تمنّى |
| certitude (f) | yaqīn (m) | يقين |
| certain (adj) | mota'akked | متأكّد |
| incertitude (f) | 'adam el ta'akkod (m) | عدم التأكّد |
| incertain (adj) | meʃ mota'akked | مش متأكّد |
| ivre (adj) | sakrān | سكران |
| sobre (adj) | ṣāḥy | صاحي |
| faible (adj) | ḍa'īf | ضعيف |
| heureux (adj) | sa'īd | سعيد |
| faire peur | χawwef | خوّف |
| fureur (f) | ɣaḍab ʃedīd (m) | غضب شديد |
| rage (f), colère (f) | ɣaḍab (m) | غضب |
| dépression (f) | ekte'āb (m) | إكتئاب |
| inconfort (m) | 'adam erteyāḥ (m) | عدم إرتياح |

| | | |
|---|---|---|
| confort (m) | rāḥa (f) | راحة |
| regretter (vt) | nedem | ندم |
| regret (m) | nadam (m) | ندم |
| malchance (f) | sūʾ ḥaẓẓ (m) | سوء حظ |
| tristesse (f) | ḥozn (f) | حزن |

| | | |
|---|---|---|
| honte (f) | χagal (m) | خجل |
| joie, allégresse (f) | faraḥ (m) | فرح |
| enthousiasme (m) | ḥamās (m) | حماس |
| enthousiaste (m) | motaḥammes (m) | متحمّس |
| avoir de l'enthousiasme | taḥammas | تحمّس |

## 59. Le caractère. La personnalité

| | | |
|---|---|---|
| caractère (m) | ʃaχṣiya (f) | شخصية |
| défaut (m) | ʿeyb (m) | عيب |
| esprit (m), raison (f) | ʿaʾl (m) | عقل |

| | | |
|---|---|---|
| conscience (f) | ḍamīr (m) | ضمير |
| habitude (f) | ʿāda (f) | عادة |
| capacité (f) | qodra (f) | قدرة |
| savoir (faire qch) | ʿeref | عرف |

| | | |
|---|---|---|
| patient (adj) | ṣabūr | صبور |
| impatient (adj) | ʾalīl el ṣabr | قليل الصبر |
| curieux (adj) | foḍūly | فضولي |
| curiosité (f) | foḍūl (m) | فضول |

| | | |
|---|---|---|
| modestie (f) | tawāḍoʿ (m) | تواضع |
| modeste (adj) | motawāḍeʿ | متواضع |
| vaniteux (adj) | meʃ motawāḍeʿ | مش متواضع |

| | | |
|---|---|---|
| paresse (f) | kasal (m) | كسل |
| paresseux (adj) | kaslān | كسلان |
| paresseux (m) | kaslān (m) | كسلان |

| | | |
|---|---|---|
| astuce (f) | makr (m) | مكر |
| rusé (adj) | makkār | مكّار |
| méfiance (f) | ʿadam el seqa (m) | عدم الثقة |
| méfiant (adj) | ʃakkāk | شكّاك |

| | | |
|---|---|---|
| générosité (f) | karam (m) | كرم |
| généreux (adj) | karīm | كريم |
| doué (adj) | mawhūb | موهوب |
| talent (m) | mawheba (f) | موهبة |

| | | |
|---|---|---|
| courageux (adj) | ʃogāʿ | شجاع |
| courage (m) | ʃagāʿa (f) | شجاعة |
| honnête (adj) | amīn | أمين |
| honnêteté (f) | amāna (f) | أمانة |

| | | |
|---|---|---|
| prudent (adj) | ḥazer | حذر |
| courageux (adj) | ʃogāʿ | شجاع |
| sérieux (adj) | gād | جاد |

| | | |
|---|---|---|
| sévère (adj) | ṣārem | صارم |
| décidé (adj) | ḥāsem | حاسم |
| indécis (adj) | motaradded | متردّد |
| timide (adj) | χagūl | خجول |
| timidité (f) | χagal (m) | خجل |
| confiance (f) | seqa (f) | ثقة |
| croire (qn) | wasaq | وثق |
| confiant (adj) | saree' el taṣdīq | سريع التصديق |
| sincèrement (adv) | beṣarāḥa | بصراحة |
| sincère (adj) | moχleṣ | مخلص |
| sincérité (f) | eχlāṣ (m) | إخلاص |
| ouvert (adj) | ṣarīḥ | صريح |
| calme (adj) | hady | هادئ |
| franc (sincère) | ṣarīḥ | صريح |
| naïf (adj) | sāzeg | ساذج |
| distrait (adj) | ʃāred el fekr | شارد الفكر |
| drôle, amusant (adj) | moḍḥek | مضحك |
| avidité (f) | boχl (m) | بخل |
| avare (adj) | ṭammā' | طماع |
| radin (adj) | baχīl | بخيل |
| méchant (adj) | ʃerrīr | شرير |
| têtu (adj) | 'anīd | عنيد |
| désagréable (adj) | karīh | كريه |
| égoïste (m) | anāny (m) | أناني |
| égoïste (adj) | anāny | أناني |
| peureux (m) | gabān (m) | جبان |
| peureux (adj) | gabān | جبان |

## 60. Le sommeil. Les rêves

| | | |
|---|---|---|
| dormir (vi) | nām | نام |
| sommeil (m) | nome (m) | نوم |
| rêve (m) | ḥelm (m) | حلم |
| rêver (en dormant) | ḥelem | حلم |
| endormi (adj) | na'sān | نعسان |
| lit (m) | serīr (m) | سرير |
| matelas (m) | martaba (f) | مرتبة |
| couverture (f) | baṭṭaniya (f) | بطّانيّة |
| oreiller (m) | maχadda (f) | مخدّة |
| drap (m) | melāya (f) | ملاية |
| insomnie (f) | araq (m) | أرق |
| sans sommeil (adj) | bodūn nome | بدون نوم |
| somnifère (m) | monawwem (m) | منوّم |
| prendre un somnifère | aχad monawwem | اخد منوّم |
| avoir sommeil | ne'es | نعس |
| bâiller (vi) | ettāweb | إتّاوب |

| | | |
|---|---|---|
| aller se coucher | rāḥ lel serīr | راح للسرير |
| faire le lit | waḍḍab el serīr | وضّب السرير |
| s'endormir (vp) | nām | نام |
| cauchemar (m) | kabūs (m) | كابوس |
| ronflement (m) | ʃeχīr (m) | شخير |
| ronfler (vi) | ʃakχar | شخّر |
| réveil (m) | monabbeh (m) | منبّه |
| réveiller (vt) | ṣaḥḥa | صحّى |
| se réveiller (vp) | ṣeḥy | صحي |
| se lever (tôt, tard) | 'ām | قام |
| se laver (le visage) | ɣasal | غسل |

## 61. L'humour. Le rire. La joie

| | | |
|---|---|---|
| humour (m) | hezār (m) | هزار |
| sens (m) de l'humour | ḥess fokāhy (m) | حس فكاهي |
| s'amuser (vp) | estamta' | إستمتع |
| joyeux (adj) | farḥān | فرحان |
| joie, allégresse (f) | bahga (f) | بهجة |
| sourire (m) | ebtesāma (f) | إبتسامة |
| sourire (vi) | ebtasam | إبتسم |
| se mettre à rire | bada' yeḍḥak | بدأ يضحك |
| rire (vi) | ḍeḥek | ضحك |
| rire (m) | ḍeḥka (f) | ضحكة |
| anecdote (f) | ḥekāya (f) | حكاية |
| drôle, amusant (adj) | moḍḥek | مضحك |
| comique, ridicule (adj) | moḍḥek | مضحك |
| plaisanter (vi) | hazzar | هزّر |
| plaisanterie (f) | nokta (f) | نكتة |
| joie (f) (émotion) | sa'āda (f) | سعادة |
| se réjouir (vp) | mereḥ | مرح |
| joyeux (adj) | sa'īd | سعيد |

## 62. Dialoguer et communiquer. Partie 1

| | | |
|---|---|---|
| communication (f) | tawāṣol (m) | تواصل |
| communiquer (vi) | tawāṣal | تواصل |
| conversation (f) | moḥadsa (f) | محادثة |
| dialogue (m) | ḥewār (m) | حوار |
| discussion (f) (débat) | mona'ʃa (f) | مناقشة |
| débat (m) | χelāf (m) | خلاف |
| discuter (vi) | χālef | خالف |
| interlocuteur (m) | muḥāwer (m) | محاوّر |
| sujet (m) | mawḍū' (m) | موضوع |
| point (m) de vue | weg-het naẓar (f) | وجهة نظر |

| | | |
|---|---|---|
| opinion (f) | ra'yī (m) | رأي |
| discours (m) | χeṭāb (m) | خطاب |
| discussion (f) (d'un rapport) | mona'ʃa (f) | مناقشة |
| discuter (vt) | nā'eʃ | ناقش |
| conversation (f) | ḥadīs (m) | حديث |
| converser (vi) | dardeʃ | دردش |
| rencontre (f) | leqā' (m) | لقاء |
| se rencontrer (vp) | 'ābel | قابل |
| proverbe (m) | masal (m) | مثل |
| dicton (m) | maqūla (f) | مقولة |
| devinette (f) | loɣz (m) | لغز |
| poser une devinette | toʃakkel loɣz | تشكّل لغز |
| mot (m) de passe | kelmet el morūr (f) | كلمة مرور |
| secret (m) | serr (m) | سرّ |
| serment (m) | qasam (m) | قسم |
| jurer (de faire qch) | aqsam | أقسم |
| promesse (f) | wa'd (m) | وعد |
| promettre (vt) | wa'ad | وعد |
| conseil (m) | naṣīḥa (f) | نصيحة |
| conseiller (vt) | naṣaḥ | نصح |
| suivre le conseil (de qn) | tatabba' naṣīḥa | تتبّع نصيحة |
| écouter (~ ses parents) | aṭā' | أطاع |
| nouvelle (f) | aχbār (m) | أخبار |
| sensation (f) | ḍagga (f) | ضجّة |
| renseignements (m pl) | ma'lumāt (pl) | معلومات |
| conclusion (f) | estentāg (f) | إستنتاج |
| voix (f) | ṣote (m) | صوت |
| compliment (m) | madḥ (m) | مدح |
| aimable (adj) | laṭīf | لطيف |
| mot (m) | kelma (f) | كلمة |
| phrase (f) | 'ebāra (f) | عبارة |
| réponse (f) | gawāb (m) | جواب |
| vérité (f) | ḥa'ī'a (f) | حقيقة |
| mensonge (m) | kezb (m) | كذب |
| pensée (f) | fekra (f) | فكرة |
| idée (f) | fekra (f) | فكرة |
| fantaisie (f) | χayāl (m) | خيال |

## 63. Dialoguer et communiquer. Partie 2

| | | |
|---|---|---|
| respecté (adj) | moḥtaram | محترم |
| respecter (vt) | eḥtaram | إحترم |
| respect (m) | eḥterām (m) | إحترام |
| Cher ... | 'azīzy ... | عزيزي... |
| présenter (faire connaître) | 'arraf | عرّف |
| faire la connaissance | ta'arraf | تعرّف |

| | | |
|---|---|---|
| intention (f) | niya (f) | نيّة |
| avoir l'intention | nawa | نوى |
| souhait (m) | omniya (f) | أمنية |
| souhaiter (vt) | tamanna | تمنّى |
| étonnement (m) | mofagʾa (f) | مفاجأة |
| étonner (vt) | fāgaʾ | فاجئ |
| s'étonner (vp) | etfāgeʾ | إتفاجئ |
| donner (vt) | edda | أدّى |
| prendre (vt) | aχad | أخد |
| rendre (vt) | radd | ردّ |
| retourner (vt) | raggaʿ | رجّع |
| s'excuser (vp) | eʿtazar | إعتذر |
| excuse (f) | eʿtezār (m) | إعتذار |
| pardonner (vt) | ʿafa | عفا |
| parler (~ avec qn) | etkallem | إتكلّم |
| écouter (vt) | semeʿ | سمع |
| écouter jusqu'au bout | semeʿ | سمع |
| comprendre (vt) | fehem | فهم |
| montrer (vt) | ʿaraḍ | عرض |
| regarder (vt) | baṣṣ | بصّ |
| appeler (vt) | nāda | نادى |
| distraire (déranger) | ʃaɣal | شغل |
| ennuyer (déranger) | azʿag | أزعج |
| passer (~ le message) | sallem | سلّم |
| prière (f) (demande) | ṭalab (m) | طلب |
| demander (vt) | ṭalab | طلب |
| exigence (f) | maṭlab (m) | مطلب |
| exiger (vt) | ṭāleb | طالب |
| taquiner (vt) | ɣāẓ | غاظ |
| se moquer (vp) | saχar | سخر |
| moquerie (f) | soχreya (f) | سخرية |
| surnom (m) | esm el ʃohra (m) | اسم الشهرة |
| allusion (f) | talmīḥ (m) | تلميح |
| faire allusion | lammaḥ | لمّح |
| sous-entendre (vt) | ʾaṣad | قصد |
| description (f) | waṣf (m) | وصف |
| décrire (vt) | waṣaf | وصف |
| éloge (m) | madḥ (m) | مدح |
| louer (vt) | madaḥ | مدح |
| déception (f) | χeybet amal (f) | خيبة أمل |
| décevoir (vt) | χayab | خيّب |
| être déçu | χābet ʾāmalo | خابت آماله |
| supposition (f) | efterāḍ (m) | إفتراض |
| supposer (vt) | eftaraḍ | إفترض |
| avertissement (m) | taḥzīr (m) | تحذير |
| prévenir (vt) | ḥazzar | حذّر |

## 64. Dialoguer et communiquer. Partie 3

| | | |
|---|---|---|
| convaincre (vt) | aqna' | أقنع |
| calmer (vt) | ṭam'an | طمأن |
| silence (m) (~ est d'or) | sokūt (m) | سكوت |
| rester silencieux | seket | سكت |
| chuchoter (vi, vt) | hamas | همس |
| chuchotement (m) | hamsa (f) | همسة |
| sincèrement (adv) | beṣarāḥa | بصراحة |
| à mon avis ... | fi ra'yi ... | ... في رأيي |
| détail (m) (d'une histoire) | tafṣīl (m) | تفصيل |
| détaillé (adj) | mofaṣṣal | مفصّل |
| en détail (adv) | bel tafṣīl | بالتفصيل |
| indice (m) | talmīḥ (m) | تلميح |
| donner un indice | edda lamḥa | أدى لمحة |
| regard (m) | naẓra (f) | نظرة |
| jeter un coup d'oeil | alqa nazra | ألقى نظرة |
| fixe (un regard ~) | sābet | ثابت |
| clignoter (vi) | ramaʃ | رمش |
| cligner de l'oeil | ɣamaz | غمز |
| hocher la tête | haz rāso | هزّ رأسه |
| soupir (m) | tanhīda (f) | تنهيدة |
| soupirer (vi) | tanahhad | تنهّد |
| tressaillir (vi) | erta'aʃ | ارتعش |
| geste (m) | eʃāret yad (f) | إشارة يد |
| toucher (de la main) | lamas | لمس |
| saisir (par le bras) | mesek | مسك |
| taper (sur l'épaule) | ḥazz | حزّ |
| Attention! | χally bālak! | !خللي بالك |
| Vraiment? | fe'lan | فعلاً؟ |
| Tu es sûr? | enta mota'akked? | أنت متأكّد؟ |
| Bonne chance! | bel tawfī'! | !بالتوفيق |
| Compris! | wāḍeḥ! | !واضح |
| Dommage! | ya χesāra! | !يا خسارة |

## 65. L'accord. Le refus

| | | |
|---|---|---|
| accord (m) | mowaf'a (f) | موافقة |
| être d'accord | wāfe' | وافق |
| approbation (f) | 'obūl (m) | قبول |
| approuver (vt) | 'abal | قبل |
| refus (m) | rafḍ (m) | رفض |
| se refuser (vp) | rafaḍ | رفض |
| Super! | 'aẓīm! | !عظيم |
| Bon! | tamām! | !تمام |

| | | |
|---|---|---|
| D'accord! | ettafa'na! | إتّفقنا! |
| interdit (adj) | mamnū' | ممنوع |
| c'est interdit | mamnū' | ممنوع |
| c'est impossible | mostaḥīl | مستحيل |
| incorrect (adj) | ɣeleṭ | غلط |
| | | |
| décliner (vt) | rafaḍ | رفض |
| soutenir (vt) | ayed | أيّد |
| accepter (condition, etc.) | 'abal | قبل |
| | | |
| confirmer (vt) | akkad | أكّد |
| confirmation (f) | ta'kīd (m) | تأكيد |
| permission (f) | samāḥ (m) | سماح |
| permettre (vt) | samaḥ | سمح |
| décision (f) | qarār (m) | قرار |
| ne pas dire un mot | ṣamt | صمت |
| | | |
| condition (f) | ʃarṭ (m) | شرط |
| excuse (f) (prétexte) | 'ozr (m) | عذر |
| éloge (m) | madḥ (m) | مدح |
| louer (vt) | madaḥ | مدح |

## 66. La réussite. La chance. L'échec

| | | |
|---|---|---|
| succès (m) | nagāḥ (m) | نجاح |
| avec succès (adv) | be nagāḥ | بنجاح |
| réussi (adj) | nāgeḥ | ناجح |
| chance (f) | ḥazz (m) | حظّ |
| Bonne chance! | bel tawfī'! | بالتوفيق! |
| de chance (jour ~) | maḥẓūẓ | محظوظ |
| chanceux (adj) | maḥẓūẓ | محظوظ |
| | | |
| échec (m) | faʃal (m) | فشل |
| infortune (f) | sū' el ḥazz (m) | سوء الحظّ |
| malchance (f) | sū' el ḥazz (m) | سوء الحظّ |
| raté (adj) | ɣayr nāgeḥ | غير ناجح |
| catastrophe (f) | karsa (f) | كارثة |
| | | |
| fierté (f) | faχr (m) | فخر |
| fier (adj) | faχūr | فخور |
| être fier | eftaχar | إفتخر |
| gagnant (m) | fā'ez (m) | فائز |
| gagner (vi) | fāz | فاز |
| perdre (vi) | χeser | خسر |
| tentative (f) | moḥawla (f) | محاولة |
| essayer (vt) | ḥāwel | حاول |
| chance (f) | forṣa (f) | فرصة |

## 67. Les disputes. Les émotions négatives

| | | |
|---|---|---|
| cri (m) | ṣarχa (f) | صرخة |
| crier (vi) | ṣarraχ | صرّخ |

| | | |
|---|---|---|
| se mettre à crier | ṣarrax | صرّخ |
| dispute (f) | xenā'a (f) | خناقة |
| se disputer (vp) | etxāne' | إتخانق |
| scandale (m) (dispute) | xenā'a (f) | خناقة |
| faire un scandale | taʃāgar | تشاجر |
| conflit (m) | xelāf (m) | خلاف |
| malentendu (m) | sū' tafāhom (m) | سوء تفاهم |
| | | |
| insulte (f) | ehāna (f) | إهانة |
| insulter (vt) | ahān | أهان |
| insulté (adj) | mohān | مهان |
| offense (f) | esteyā' (m) | إستياء |
| offenser (vt) | ahān | أهان |
| s'offenser (vp) | estā' | إستاء |
| | | |
| indignation (f) | saxṭ (m) | سخط |
| s'indigner (vp) | estā' | إستاء |
| plainte (f) | ʃakwa (f) | شكوَى |
| se plaindre (vp) | ʃaka | شكا |
| | | |
| excuse (f) | e'tezār (m) | إعتذار |
| s'excuser (vp) | e'tazar | إعتذر |
| demander pardon | e'tazar | إعتذر |
| | | |
| critique (f) | naqd (m) | نقد |
| critiquer (vt) | naqad | نقد |
| accusation (f) | ettehām (m) | إتّهام |
| accuser (vt) | ettaham | إتّهم |
| | | |
| vengeance (f) | enteqām (m) | إنتقام |
| se venger (vp) | entaqam | إنتقم |
| faire payer (qn) | radd | ردّ |
| | | |
| mépris (m) | ezderā' (m) | إزدراء |
| mépriser (vt) | eḥtaqar | إحتقر |
| haine (f) | korh (f) | كره |
| haïr (vt) | kereh | كره |
| | | |
| nerveux (adj) | 'aṣaby | عصبي |
| s'énerver (vp) | etwattar | إتوّتر |
| fâché (adj) | ɣaḍbān | غضبان |
| fâcher (vt) | narfez | نرفز |
| | | |
| humiliation (f) | ezlāl (m) | إذلال |
| humilier (vt) | zallel | ذلّل |
| s'humilier (vp) | tazallal | تذلّل |
| | | |
| choc (m) | ṣadma (f) | صدمة |
| choquer (vt) | ṣadam | صدم |
| | | |
| ennui (m) (problème) | moʃkela (f) | مشكلة |
| désagréable (adj) | karīh | كريه |
| | | |
| peur (f) | xofe (m) | خوف |
| terrible (tempête, etc.) | ʃedīd | شديد |
| effrayant (histoire ~e) | moxīf | مخيف |

| | | |
|---|---|---|
| horreur (f) | ro'b (m) | رعب |
| horrible (adj) | baʃe' | بشع |
| | | |
| commencer à trembler | erta'aʃ | إرتعش |
| pleurer (vi) | baka | بكى |
| se mettre à pleurer | bada' yebky | بدأ يبكي |
| larme (f) | dama'a (f) | دمعة |
| | | |
| faute (f) | ɣalṭa (f) | غلطة |
| culpabilité (f) | zanb (m) | ذنب |
| déshonneur (m) | 'ār (m) | عار |
| protestation (f) | eḥtegāg (m) | إحتجاج |
| stress (m) | tawattor (m) | توتّر |
| | | |
| déranger (vt) | az'ag | أزعج |
| être furieux | ɣeḍeb | غضب |
| en colère, fâché (adj) | ɣaḍbān | غضبان |
| rompre (relations) | anha | أنهى |
| réprimander (vt) | ʃatam | شتم |
| | | |
| prendre peur | χāf | خاف |
| frapper (vt) | ḍarab | ضرب |
| se battre (vp) | χāne' | خانق |
| | | |
| régler (~ un conflit) | sawwa | سوّى |
| mécontent (adj) | meʃ rāḍy | مش راضي |
| enragé (adj) | ɣaḍbān | غضبان |
| | | |
| Ce n'est pas bien! | keda meʃ kwayes! | كده مش كويّس! |
| C'est mal! | keda weḥeʃ! | كده وحش! |

# La médecine

## 68. Les maladies

| | | |
|---|---|---|
| maladie (f) | marad (m) | مرض |
| être malade | mered | مرض |
| santé (f) | ṣeḥḥa (f) | صحّة |
| rhume (m) (coryza) | raʃ-ḥ fel anf (m) | رشح في الأنف |
| angine (f) | eltehāb el lawzateyn (m) | إلتهاب اللوزتين |
| refroidissement (m) | zokām (m) | زكام |
| prendre froid | gālo bard | جاله برد |
| bronchite (f) | eltehāb ʃoʿaby (m) | إلتهاب شعبيّ |
| pneumonie (f) | eltehāb raʾawy (m) | إلتهاب رئوي |
| grippe (f) | influenza (f) | إنفلونزا |
| myope (adj) | ʾaṣīr el naẓar | قصير النظر |
| presbyte (adj) | beʿīd el naẓar | بعيد النظر |
| strabisme (m) | ḥawal (m) | حوّل |
| strabique (adj) | aḥwal | أحوّل |
| cataracte (f) | katarakt (f) | كاتاراكت |
| glaucome (m) | glawkoma (f) | جلوكوما |
| insulte (f) | sakta (f) | سكتة |
| crise (f) cardiaque | azma ʾalbiya (f) | أزمة قلبية |
| infarctus (m) de myocarde | nawba ʾalbiya (f) | نوبة قلبية |
| paralysie (f) | ʃalal (m) | شلل |
| paralyser (vt) | ʃall | شلّ |
| allergie (f) | ḥasasiya (f) | حساسيّة |
| asthme (m) | rabw (m) | ربو |
| diabète (m) | dāʾ el sokkary (m) | داء السكّري |
| mal (m) de dents | alam asnān (m) | ألم الأسنان |
| carie (f) | naχr el asnān (m) | نخر الأسنان |
| diarrhée (f) | es-hāl (m) | إسهال |
| constipation (f) | emsāk (m) | إمساك |
| estomac (m) barbouillé | eḍṭrāb el meʿda (m) | إضطراب المعدة |
| intoxication (f) alimentaire | tasammom (m) | تسمم |
| être intoxiqué | etsammem | إتسمّم |
| arthrite (f) | eltehāb el mafāṣel (m) | إلتهاب المفاصل |
| rachitisme (m) | kosāḥ el aṭfāl (m) | كساح الأطفال |
| rhumatisme (m) | rheumatism (m) | روماتزم |
| athérosclérose (f) | taṣṣallob el ʃarayīn (m) | تصلّب الشرايين |
| gastrite (f) | eltehāb el meʿda (m) | إلتهاب المعدة |
| appendicite (f) | eltehāb el zayda el dūdiya (m) | إلتهاب الزائدة الدودية |

| | | |
|---|---|---|
| cholécystite (f) | eltehāb el marāra (m) | إلتهاب المرارة |
| ulcère (m) | qorḥa (f) | قرحة |
| rougeole (f) | maraḍ el ḥaṣba (m) | مرض الحصبة |
| rubéole (f) | el ḥaṣba el almaniya (f) | الحصبة الألمانية |
| jaunisse (f) | yaraqān (m) | يرقان |
| hépatite (f) | eltehāb el kabed el vayrūsy (m) | إلتهاب الكبد الفيروسي |
| schizophrénie (f) | fuṣām (m) | فصام |
| rage (f) (hydrophobie) | dā' el kalb (m) | داء الكلب |
| névrose (f) | eḍṭrāb ʿaṣaby (m) | إضطراب عصبي |
| commotion (f) cérébrale | ertegāg el moχ (m) | إرتجاج المخ |
| cancer (m) | saraṭān (m) | سرطان |
| sclérose (f) | taṣṣallob (m) | تصلّب |
| sclérose (f) en plaques | taṣṣallob motaʿadded (m) | تصلّب متعدّد |
| alcoolisme (m) | edmān el χamr (m) | إدمان الخمر |
| alcoolique (m) | modmen el χamr (m) | مدمن الخمر |
| syphilis (f) | syfilis el zehry (m) | سفلس الزهري |
| SIDA (m) | el eydz (m) | الايدز |
| tumeur (f) | waram (m) | ورم |
| maligne (adj) | χabīs | خبيث |
| bénigne (adj) | ḥamīd (m) | حميد |
| fièvre (f) | ḥomma (f) | حمّى |
| malaria (f) | malaria (f) | ملاريا |
| gangrène (f) | ɣanɣarīna (f) | غنغرينا |
| mal (m) de mer | dawār el baḥr (m) | دوار البحر |
| épilepsie (f) | maraḍ el ṣaraʿ (m) | مرض الصرع |
| épidémie (f) | wabā' (m) | وباء |
| typhus (m) | tyfus (m) | تيفوس |
| tuberculose (f) | maraḍ el soll (m) | مرض السلّ |
| choléra (m) | kōlīra (f) | كوليرا |
| peste (f) | ṭaʿūn (m) | طاعون |

## 69. Les symptômes. Le traitement. Partie 1

| | | |
|---|---|---|
| symptôme (m) | ʿaraḍ (m) | عرض |
| température (f) | ḥarāra (f) | حرارة |
| fièvre (f) | ḥomma (f) | حمّى |
| pouls (m) | nabḍ (m) | نبض |
| vertige (m) | dawχa (f) | دوخة |
| chaud (adj) | soχn | سخن |
| frisson (m) | raʿʃa (f) | رعشة |
| pâle (adj) | aṣfar | أصفر |
| toux (f) | koḥḥa (f) | كحّة |
| tousser (vi) | kaḥḥ | كحّ |
| éternuer (vi) | ʿaṭas | عطس |

| | | |
|---|---|---|
| évanouissement (m) | dawχa (f) | دوخة |
| s'évanouir (vp) | oɣma 'aleyh | أغمي عليه |
| | | |
| bleu (m) | kadma (f) | كدمة |
| bosse (f) | tawarrom (m) | تورّم |
| se heurter (vp) | etχabaṭ | إتخبط |
| meurtrissure (f) | raḍḍa (f) | رضّة |
| se faire mal | etkadam | إتكدم |
| | | |
| boiter (vi) | 'arag | عرج |
| foulure (f) | χal' (m) | خلع |
| se démettre (l'épaule, etc.) | χala' | خلع |
| fracture (f) | kasr (m) | كسر |
| avoir une fracture | enkasar | إنكسر |
| | | |
| coupure (f) | garḥ (m) | جرح |
| se couper (~ le doigt) | garaḥ nafsoh | جرح نفسه |
| hémorragie (f) | nazīf (m) | نزيف |
| | | |
| brûlure (f) | ḥar' (m) | حرق |
| se brûler (vp) | et-ḥara' | إتحرق |
| | | |
| se piquer (le doigt) | waχaz | وخز |
| se piquer (vp) | waχaz nafso | وخز نفسه |
| blesser (vt) | aṣāb | أصاب |
| blessure (f) | eṣāba (f) | إصابة |
| plaie (f) (blessure) | garḥ (m) | جرح |
| trauma (m) | ṣadma (f) | صدمة |
| | | |
| délirer (vi) | haza | هذى |
| bégayer (vi) | tala'sam | تلعثم |
| insolation (f) | ḍarabet ʃams (f) | ضربة شمس |

## 70. Les symptômes. Le traitement. Partie 2

| | | |
|---|---|---|
| douleur (f) | alam (m) | ألم |
| écharde (f) | ʃazya (f) | شظية |
| | | |
| sueur (f) | 'er' (m) | عرق |
| suer (vi) | 'ere' | عرق |
| vomissement (m) | targee' (m) | ترجيع |
| spasmes (m pl) | taʃonnogāt (pl) | تشنّجات |
| | | |
| enceinte (adj) | ḥāmel | حامل |
| naître (vi) | etwalad | اتولّد |
| accouchement (m) | welāda (f) | ولادة |
| accoucher (vi) | walad | ولد |
| avortement (m) | eg-hāḍ (m) | إجهاض |
| | | |
| respiration (f) | tanaffos (m) | تنفّس |
| inhalation (f) | estenʃāq (m) | إستنشاق |
| expiration (f) | zafīr (m) | زفير |
| expirer (vi) | zafar | زفر |
| inspirer (vi) | estanʃaq | إستنشق |

| | | |
|---|---|---|
| invalide (m) | mo'āq (m) | معاق |
| handicapé (m) | moq'ad (m) | مقعد |
| drogué (m) | modmen moχaddarāt (m) | مدمن مخدّرات |
| | | |
| sourd (adj) | aṭraʃ | أطرش |
| muet (adj) | aχras | أخرس |
| sourd-muet (adj) | aṭraʃ aχras | أطرش أخرس |
| | | |
| fou (adj) | magnūn (m) | مجنون |
| fou (m) | magnūn (m) | مجنون |
| folle (f) | magnūna (f) | مجنونة |
| devenir fou | etgannen | اتجنّن |
| | | |
| gène (m) | ʒīn (m) | جين |
| immunité (f) | manā'a (f) | مناعة |
| héréditaire (adj) | werāsy | وراثي |
| congénital (adj) | χolqy men el welāda | خلقي من الولادة |
| | | |
| virus (m) | virūs (m) | فيروس |
| microbe (m) | mikrūb (m) | ميكروب |
| bactérie (f) | garsūma (f) | جرثومة |
| infection (f) | 'adwa (f) | عدوَى |

## 71. Les symptômes. Le traitement. Partie 3

| | | |
|---|---|---|
| hôpital (m) | mostaʃfa (m) | مستشفى |
| patient (m) | marīḍ (m) | مريض |
| | | |
| diagnostic (m) | taʃχīṣ (m) | تشخيص |
| cure (f) (faire une ~) | ʃefā' (m) | شفاء |
| traitement (m) | 'elāg ṭebby (m) | علاج طبي |
| se faire soigner | et'āleg | اتعالج |
| traiter (un patient) | 'ālag | عالج |
| soigner (un malade) | marraḍ | مرّض |
| soins (m pl) | 'enāya (f) | عناية |
| | | |
| opération (f) | 'amaliya grāḥiya (f) | عمليّة جراحية |
| panser (vt) | ḍammad | ضمّد |
| pansement (m) | taḍmīd (m) | تضميد |
| | | |
| vaccination (f) | talqīḥ (m) | تلقيح |
| vacciner (vt) | laqqaḥ | لقّح |
| piqûre (f) | ḥo'na (f) | حقنة |
| faire une piqûre | ḥa'an ebra | حقن إبرة |
| | | |
| crise, attaque (f) | nawba (f) | نوبة |
| amputation (f) | batr (m) | بتر |
| amputer (vt) | batr | بتر |
| coma (m) | ɣaybūba (f) | غيبوبة |
| être dans le coma | kān fi ḥālet ɣaybūba | كان في حالة غيبوبة |
| réanimation (f) | el 'enāya el morakkaza (f) | العناية المركّزة |
| | | |
| se rétablir (vp) | ʃefy | شفي |
| état (m) (de santé) | ḥāla (f) | حالة |

| | | |
|---|---|---|
| conscience (f) | waʿy (m) | وعي |
| mémoire (f) | zākera (f) | ذاكرة |
| arracher (une dent) | χalaʿ | خلع |
| plombage (m) | ḥaʃww (m) | حشو |
| plomber (vt) | ḥaʃa | حشا |
| hypnose (f) | el tanwīm el meɣnaṭīsy (m) | التنويم المغناطيسى |
| hypnotiser (vt) | nawwem | نوّم |

## 72. Les médecins

| | | |
|---|---|---|
| médecin (m) | doktore (m) | دكتور |
| infirmière (f) | momarreḍa (f) | ممرّضة |
| médecin (m) personnel | doktore ʃaχṣy (m) | دكتور شخصي |
| dentiste (m) | doktore asnān (m) | دكتور أسنان |
| ophtalmologiste (m) | doktore el ʿoyūn (m) | دكتور العيون |
| généraliste (m) | ṭabīb baṭna (m) | طبيب باطنة |
| chirurgien (m) | garrāḥ (m) | جرّاح |
| psychiatre (m) | doktore nafsāny (m) | دكتور نفساني |
| pédiatre (m) | doktore aṭfāl (m) | دكتور أطفال |
| psychologue (m) | aχeṣāʾy ʿelm el nafs (m) | أخصائي علم النفس |
| gynécologue (m) | doktore nesa (m) | دكتور نسا |
| cardiologue (m) | doktore ʾalb (m) | دكتور قلب |

## 73. Les médicaments. Les accessoires

| | | |
|---|---|---|
| médicament (m) | dawāʾ (m) | دواء |
| remède (m) | ʿelāg (m) | علاج |
| prescrire (vt) | waṣaf | وصف |
| ordonnance (f) | waṣfa (f) | وصفة |
| comprimé (m) | ʾorṣ (m) | قرص |
| onguent (m) | marham (m) | مرهم |
| ampoule (f) | ambūla (f) | أمبولة |
| mixture (f) | dawāʾ ʃorb (m) | دواء شراب |
| sirop (m) | ʃarāb (m) | شراب |
| pilule (f) | ḥabba (f) | حبّة |
| poudre (f) | zorūr (m) | ذرور |
| bande (f) | ḍammāda ʃāʃ (f) | ضمادة شاش |
| coton (m) (ouate) | ʾoṭn (m) | قطن |
| iode (m) | yūd (m) | يود |
| sparadrap (m) | blaster (m) | بلاستر |
| compte-gouttes (m) | ʾaṭṭāra (f) | قطّارة |
| thermomètre (m) | termometr (m) | ترمومتر |
| seringue (f) | serennga (f) | سرنّجة |
| fauteuil (m) roulant | korsy motaḥarrek (m) | كرسي متحرك |
| béquilles (f pl) | ʿokkāz (m) | عكّاز |

| | | |
|---|---|---|
| anesthésique (m) | mosakken (m) | مسكّن |
| purgatif (m) | molayen (m) | مليّن |
| alcool (m) | etanol (m) | إيثانول |
| herbe (f) médicinale | aʿʃāb ṭebbiya (pl) | أعشاب طبيّة |
| d'herbes (adj) | ʿoʃby | عشبي |

## 74. Le tabac et ses produits dérivés

| | | |
|---|---|---|
| tabac (m) | tabɣ (m) | تبغ |
| cigarette (f) | segāra (f) | سيجارة |
| cigare (f) | segār (m) | سيجار |
| pipe (f) | ɣelyone (m) | غليون |
| paquet (m) | ʿelba (f) | علبة |
| allumettes (f pl) | kebrīt (m) | كبريت |
| boîte (f) d'allumettes | ʿelbet kebrīt (f) | علبة كبريت |
| briquet (m) | wallāʿa (f) | ولّاعة |
| cendrier (m) | ṭaʾṭūʾa (f) | طقطوقة |
| étui (m) à cigarettes | ʿelbet sagāyer (f) | علبة سجائر |
| fume-cigarette (m) | ḥamelet segāra (f) | حاملة سيجارة |
| filtre (m) | filter (m) | فلتر |
| fumer (vi, vt) | dakχen | دخّن |
| allumer une cigarette | wallaʿ segāra | ولّع سيجارة |
| tabagisme (m) | tadχīn (m) | تدخين |
| fumeur (m) | modakχen (m) | مدخّن |
| mégot (m) | ʿaqab segāra (m) | عقب سيجارة |
| fumée (f) | dokχān (m) | دخّان |
| cendre (f) | ramād (m) | رماد |

# L'HABITAT HUMAIN

## La ville

### 75. La ville. La vie urbaine

| | | |
|---|---|---|
| ville (f) | madīna (f) | مدينة |
| capitale (f) | ʿāṣema (f) | عاصمة |
| village (m) | qarya (f) | قرية |
| plan (m) de la ville | χarīṭet el madinah (f) | خريطة المدينة |
| centre-ville (m) | wesṭ el balad (m) | وسط البلد |
| banlieue (f) | ḍāḥeya (f) | ضاحية |
| de banlieue (adj) | el ḍawāḥy | الضواحي |
| périphérie (f) | aṭrāf el madīna (pl) | أطراف المدينة |
| alentours (m pl) | ḍawāḥy el madīna (pl) | ضواحي المدينة |
| quartier (m) | ḥayī (m) | حي |
| quartier (m) résidentiel | ḥayī sakany (m) | حي سكني |
| trafic (m) | ḥaraket el morūr (f) | حركة المرور |
| feux (m pl) de circulation | eʃārāt el morūr (pl) | إشارات المرور |
| transport (m) urbain | wasā'el el na'l (pl) | وسائل النقل |
| carrefour (m) | taqāṭoʿ (m) | تقاطع |
| passage (m) piéton | maʿbar (m) | معبر |
| passage (m) souterrain | nafa' moʃāh (m) | نفق مشاه |
| traverser (vt) | ʿabar | عبر |
| piéton (m) | māʃy (m) | ماشي |
| trottoir (m) | raṣīf (m) | رصيف |
| pont (m) | kobry (m) | كبري |
| quai (m) | korneyʃ (m) | كورنيش |
| fontaine (f) | nafūra (f) | نافورة |
| allée (f) | mamʃa (m) | ممشى |
| parc (m) | ḥadīqa (f) | حديقة |
| boulevard (m) | bolvār (m) | بولفار |
| place (f) | medān (m) | ميدان |
| avenue (f) | ʃāreʿ (m) | شارع |
| rue (f) | ʃāreʿ (m) | شارع |
| ruelle (f) | zo'ā' (m) | زقاق |
| impasse (f) | ṭarī' masdūd (m) | طريق مسدود |
| maison (f) | beyt (m) | بيت |
| édifice (m) | mabna (m) | مبنى |
| gratte-ciel (m) | nāṭeḥet sahāb (f) | ناطحة سحاب |
| façade (f) | waɣa (f) | واجهة |
| toit (m) | sa'f (m) | سقف |

| | | |
|---|---|---|
| fenêtre (f) | ʃebbāk (m) | شبّاك |
| arc (m) | qose (m) | قوس |
| colonne (f) | ʿamūd (m) | عمود |
| coin (m) | zawya (f) | زاوية |
| vitrine (f) | vatrīna (f) | فترينة |
| enseigne (f) | yafṭa, lāfeta (f) | لافتة, يافطة |
| affiche (f) | boster (m) | بوستر |
| affiche (f) publicitaire | boster eʿlān (m) | بوستر إعلان |
| panneau-réclame (m) | lawḥet eʿlanāt (f) | لوحة إعلانات |
| ordures (f pl) | zebāla (f) | زبالة |
| poubelle (f) | ṣandūʾ zebāla (m) | صندوق زبالة |
| jeter à terre | rama zebāla | رمى زبالة |
| décharge (f) | mazbala (f) | مزبلة |
| cabine (f) téléphonique | koʃk telefōn (m) | كشك تليفون |
| réverbère (m) | ʿamūd nūr (m) | عمود نور |
| banc (m) | korsy (m) | كرسي |
| policier (m) | ʃorṭy (m) | شرطي |
| police (f) | ʃorṭa (f) | شرطة |
| clochard (m) | ʃaḥḥāt (m) | شحّات |
| sans-abri (m) | motaʃarred (m) | متشرّد |

## 76. Les institutions urbaines

| | | |
|---|---|---|
| magasin (m) | maḥal (m) | محل |
| pharmacie (f) | ṣaydaliya (f) | صيدليّة |
| opticien (m) | maḥal naḍḍārāt (m) | محل نضّارات |
| centre (m) commercial | mole (m) | مول |
| supermarché (m) | subermarket (m) | سوبرماركت |
| boulangerie (f) | maχbaz (m) | مخبز |
| boulanger (m) | χabbāz (m) | خبّاز |
| pâtisserie (f) | ḥalawāny (m) | حلواني |
| épicerie (f) | baʾʾāla (f) | بقّالة |
| boucherie (f) | gezāra (f) | جزارة |
| magasin (m) de légumes | dokkān χoḍār (m) | دكّان خضار |
| marché (m) | sūʾ (f) | سوق |
| salon (m) de café | ʾahwa (f), kaféih (m) | قهوة, كافيه |
| restaurant (m) | maṭʿam (m) | مطعم |
| brasserie (f) | bār (m) | بار |
| pizzeria (f) | maḥal pizza (m) | محل بيتزا |
| salon (m) de coiffure | ṣalone ḥelāʾa (m) | صالون حلاقة |
| poste (f) | maktab el barīd (m) | مكتب البريد |
| pressing (m) | dray klīn (m) | دراي كلين |
| atelier (m) de photo | estudio taṣwīr (m) | إستوديو تصوير |
| magasin (m) de chaussures | maḥal gezam (m) | محل جزم |
| librairie (f) | maḥal kotob (m) | محل كتب |

| | | |
|---|---|---|
| magasin (m) d'articles de sport | maḥal mostalzamāt reyaḍiya (m) | محل مستلزمات رياضية |
| atelier (m) de retouche | maḥal χeyāṭet malābes (m) | محل خياطة ملابس |
| location (f) de vêtements | ta'gīr malābes rasmiya (m) | تأجير ملابس رسمية |
| location (f) de films | maḥal ta'gīr video (m) | محل تأجير فيديو |
| cirque (m) | serk (m) | سيرك |
| zoo (m) | ḥadīqet el ḥayawān (f) | حديقة حيوان |
| cinéma (m) | sinema (f) | سينما |
| musée (m) | mat-ḥaf (m) | متحف |
| bibliothèque (f) | maktaba (f) | مكتبة |
| théâtre (m) | masraḥ (m) | مسرح |
| opéra (m) | obra (f) | أوبرا |
| boîte (f) de nuit | malha leyly (m) | ملهى ليّلي |
| casino (m) | kazino (m) | كازينو |
| mosquée (f) | masged (m) | مسجد |
| synagogue (f) | kenīs (m) | كنيس |
| cathédrale (f) | katedra'iya (f) | كاتدرائية |
| temple (m) | ma'bad (m) | معبد |
| église (f) | kenīsa (f) | كنيسة |
| institut (m) | kolliya (m) | كليّة |
| université (f) | gam'a (f) | جامعة |
| école (f) | madrasa (f) | مدرسة |
| préfecture (f) | moqaṭ'a (f) | مقاطعة |
| mairie (f) | baladiya (f) | بلديّة |
| hôtel (m) | fondo' (m) | فندق |
| banque (f) | bank (m) | بنك |
| ambassade (f) | safāra (f) | سفارة |
| agence (f) de voyages | ʃerket seyāḥa (f) | شركة سياحة |
| bureau (m) d'information | maktab el este'lāmāt (m) | مكتب الإستعلامات |
| bureau (m) de change | ṣarrāfa (f) | صرّافة |
| métro (m) | metro (m) | مترو |
| hôpital (m) | mostaʃfa (m) | مستشفى |
| station-service (f) | maḥaṭṭet banzīn (f) | محطّة بنزين |
| parking (m) | maw'ef el 'arabeyāt (m) | موقف العربيات |

## 77. Les transports en commun

| | | |
|---|---|---|
| autobus (m) | buṣ (m) | باص |
| tramway (m) | trām (m) | ترام |
| trolleybus (m) | trolly buṣ (m) | ترولي باص |
| itinéraire (m) | χaṭṭ (m) | خطّ |
| numéro (m) | raqam (m) | رقم |
| prendre ... | rāḥ be ... | ... راح بـ |
| monter (dans l'autobus) | rekeb | ركب |
| descendre de ... | nezel men | نزل من |

| | | |
|---|---|---|
| arrêt (m) | maw'af (m) | موّقف |
| arrêt (m) prochain | el maḥaṭṭa el gaya (f) | المحطة الجايّة |
| terminus (m) | 'āχer maw'af (m) | آخر موقف |
| horaire (m) | gadwal (m) | جدوَل |
| attendre (vt) | estanna | إستنّى |
| | | |
| ticket (m) | tazkara (f) | تذكرة |
| prix (m) du ticket | ogra (f) | أجرة |
| | | |
| caissier (m) | kaʃier (m) | كاشيير |
| contrôle (m) des tickets | taftīʃ el tazāker (m) | تفتيش التذاكر |
| contrôleur (m) | mofatteʃ tazāker (m) | مفتّش تذاكر |
| | | |
| être en retard | met'akχer | متأخّر |
| rater (~ le train) | ta'akχar | تأخّر |
| se dépêcher | mesta'gel | مستعجل |
| | | |
| taxi (m) | taksi (m) | تاكسي |
| chauffeur (m) de taxi | sawwā' taksi (m) | سوّاق تاكسي |
| en taxi | bel taksi | بالتاكسي |
| arrêt (m) de taxi | maw'ef taksi (m) | موقف تاكسي |
| appeler un taxi | kallem taksi | كلّم تاكسي |
| prendre un taxi | aχad taksi | أخد تاكسي |
| | | |
| trafic (m) | ḥaraket el morūr (f) | حركة المرور |
| embouteillage (m) | zaḥmet el morūr (f) | زحمة المرور |
| heures (f pl) de pointe | sā'et el zorwa (f) | ساعة الذروة |
| se garer (vp) | rakan | ركن |
| garer (vt) | rakan | ركن |
| parking (m) | maw'ef el 'arabeyāt (m) | موقف العربيات |
| | | |
| métro (m) | metro (m) | مترو |
| station (f) | maḥaṭṭa (f) | محطّة |
| prendre le métro | aχad el metro | أخد المترو |
| train (m) | qeṭār, 'aṭṭr (m) | قطار |
| gare (f) | maḥaṭṭet qeṭār (f) | محطّة قطار |

## 78. Le tourisme

| | | |
|---|---|---|
| monument (m) | temsāl (m) | تمثال |
| forteresse (f) | 'al'a (f) | قلعة |
| palais (m) | 'aṣr (m) | قصر |
| château (m) | 'al'a (f) | قلعة |
| tour (f) | borg (m) | برج |
| mausolée (m) | ḍarīḥ (m) | ضريح |
| | | |
| architecture (f) | handasa me'māriya (f) | هندسة معمارية |
| médiéval (adj) | men el qorūn el wosṭa | من القرون الوسطى |
| ancien (adj) | 'atīq | عتيق |
| national (adj) | waṭany | وطني |
| connu (adj) | maʃ-hūr | مشهور |
| | | |
| touriste (m) | sā'eḥ (m) | سائح |
| guide (m) (personne) | morʃed (m) | مرشد |

| | | |
|---|---|---|
| excursion (f) | gawla (f) | جولة |
| montrer (vt) | warra | ورّى |
| raconter (une histoire) | 'āl | قال |
| trouver (vt) | la'a | لقى |
| se perdre (vp) | ḍāʿ | ضاع |
| plan (m) (du metro, etc.) | χarīṭa (f) | خريطة |
| carte (f) (de la ville, etc.) | χarīṭa (f) | خريطة |
| souvenir (m) | tezkār (m) | تذكار |
| boutique (f) de souvenirs | maḥal hadāya (m) | محل هدايا |
| prendre en photo | ṣawwar | صوّر |
| se faire prendre en photo | etṣawwar | إتصوّر |

## 79. Le shopping

| | | |
|---|---|---|
| acheter (vt) | eʃtara | إشترى |
| achat (m) | ḥāga (f) | حاجة |
| faire des achats | eʃtara | إشترى |
| shopping (m) | ʃobbing (m) | شوبينج |
| être ouvert | maftūḥ | مفتوح |
| être fermé | moɣlaq | مغلق |
| chaussures (f pl) | gezam (pl) | جزم |
| vêtement (m) | malābes (pl) | ملابس |
| produits (m pl) de beauté | mawād tagmīl (pl) | مواد تجميل |
| produits (m pl) alimentaires | akl (m) | أكل |
| cadeau (m) | hediya (f) | هديّة |
| vendeur (m) | bayāʿ (m) | بيّاع |
| vendeuse (f) | bayāʿa (f) | بيّاعة |
| caisse (f) | ṣandū' el dafʿ (m) | صندوق الدفع |
| miroir (m) | merāya (f) | مراية |
| comptoir (m) | manḍada (f) | منضدة |
| cabine (f) d'essayage | ɣorfet el 'eyās (f) | غرفة القياس |
| essayer (robe, etc.) | garrab | جرّب |
| aller bien (robe, etc.) | nāseb | ناسب |
| plaire (être apprécié) | ʿagab | عجب |
| prix (m) | seʿr (m) | سعر |
| étiquette (f) de prix | tiket el seʿr (m) | تيكت السعر |
| coûter (vt) | kallef | كلّف |
| Combien? | bekām? | بكام؟ |
| rabais (m) | χaṣm (m) | خصم |
| pas cher (adj) | meʃ ɣāly | مش غالي |
| bon marché (adj) | reχīṣ | رخيص |
| cher (adj) | ɣāly | غالي |
| C'est cher | da ɣāly | ده غالي |
| location (f) | este'gār (m) | إستئجار |
| louer (une voiture, etc.) | est'gar | إستأجر |

| | | |
|---|---|---|
| crédit (m) | e'temān (m) | إئتمان |
| à crédit (adv) | bel ta'seeṭ | بالتقسيط |

## 80. L'argent

| | | |
|---|---|---|
| argent (m) | folūs (pl) | فلوس |
| échange (m) | taḥwīl 'omla (m) | تحويل عملة |
| cours (m) de change | se'r el ṣarf (m) | سعر الصرف |
| distributeur (m) | makinet ṣarrāf 'āly (f) | ماكينة صرّاف آلي |
| monnaie (f) | 'erʃ (m) | قرش |
| dollar (m) | dolār (m) | دولار |
| euro (m) | yoro (m) | يورو |
| lire (f) | lira (f) | ليرة |
| mark (m) allemand | el mark el almāny (m) | المارك الألماني |
| franc (m) | frank (m) | فرنك |
| livre sterling (f) | geneyh esterlīny (m) | جنيه استرليني |
| yen (m) | yen (m) | ين |
| dette (f) | deyn (m) | دين |
| débiteur (m) | modīn (m) | مدين |
| prêter (vt) | sallef | سلّف |
| emprunter (vt) | estalaf | إستلف |
| banque (f) | bank (m) | بنك |
| compte (m) | ḥesāb (m) | حساب |
| verser (dans le compte) | awda' | أودع |
| verser dans le compte | awda' fel ḥesāb | أوّدع في الحساب |
| retirer du compte | saḥab men el ḥesāb | سحب من الحساب |
| carte (f) de crédit | kredit kard (f) | كريدت كارد |
| espèces (f pl) | kæʃ (m) | كاش |
| chèque (m) | ʃīk (m) | شيك |
| faire un chèque | katab ʃīk | كتب شيك |
| chéquier (m) | daftar ʃikāt (m) | دفتر شيكات |
| portefeuille (m) | maḥfaẓa (f) | محفظة |
| bourse (f) | maḥfazet fakka (f) | محفظة فكّة |
| coffre fort (m) | χazzāna (f) | خزّانة |
| héritier (m) | wāres (m) | وارث |
| héritage (m) | werāsa (f) | وراثة |
| fortune (f) | sarwa (f) | ثروّة |
| location (f) | 'a'd el egār (m) | عقد الإيجار |
| loyer (m) (argent) | ogret el sakan (f) | أجرة السكن |
| louer (prendre en location) | est'gar | إستأجر |
| prix (m) | se'r (m) | سعر |
| coût (m) | taman (m) | ثمن |
| somme (f) | mablaɣ (m) | مبلغ |
| dépenser (vt) | ṣaraf | صرف |
| dépenses (f pl) | maṣarīf (pl) | مصاريف |

| | | |
|---|---|---|
| économiser (vt) | waffar | وفّر |
| économe (adj) | mowaffer | موّفر |
| | | |
| payer (régler) | dafaʿ | دفع |
| paiement (m) | dafʿ (m) | دفع |
| monnaie (f) (rendre la ~) | el bāʾy (m) | الباقي |
| | | |
| impôt (m) | ḍarība (f) | ضريبة |
| amende (f) | ɣarāma (f) | غرامة |
| mettre une amende | faraḍ ɣarāma | فرض غرامة |

## 81. La poste. Les services postaux

| | | |
|---|---|---|
| poste (f) | maktab el barīd (m) | مكتب البريد |
| courrier (m) (lettres, etc.) | el barīd (m) | البريد |
| facteur (m) | sāʿy el barīd (m) | ساعي البريد |
| heures (f pl) d'ouverture | awʾāt el ʿamal (pl) | أوقات العمل |
| | | |
| lettre (f) | resāla (f) | رسالة |
| recommandé (m) | resāla mosaggala (f) | رسالة مسجّلة |
| carte (f) postale | kart barīdy (m) | كرت بريدي |
| télégramme (m) | barqiya (f) | برقيّة |
| colis (m) | ṭard (m) | طرد |
| mandat (m) postal | ḥewāla māliya (f) | حوالة مالية |
| | | |
| recevoir (vt) | estalam | إستلم |
| envoyer (vt) | arsal | أرسل |
| envoi (m) | ersāl (m) | إرسال |
| | | |
| adresse (f) | ʿenwān (m) | عنوان |
| code (m) postal | raqam el barīd (m) | رقم البريد |
| expéditeur (m) | morsel (m) | مرسل |
| destinataire (m) | morsel elayh (m) | مرسل إليه |
| | | |
| prénom (m) | esm (m) | اسم |
| nom (m) de famille | esm el ʿaʾela (m) | اسم العائلة |
| | | |
| tarif (m) | taʿrīfa (f) | تعريفة |
| normal (adj) | ʿādy | عادي |
| économique (adj) | mowaffer | موّفر |
| | | |
| poids (m) | wazn (m) | وزن |
| peser (~ les lettres) | wazan | وزن |
| enveloppe (f) | ẓarf (m) | ظرف |
| timbre (m) | ṭābeʿ (m) | طابع |
| timbrer (vt) | alṣaq ṭābeʿ | ألصق طابع |

# Le logement. La maison. Le foyer

## 82. La maison. Le logis

| | | |
|---|---|---|
| maison (f) | beyt (m) | بيت |
| chez soi | fel beyt | في البيت |
| cour (f) | sāḥa (f) | ساحة |
| clôture (f) | sūr (m) | سور |
| brique (f) | ṭūb (m) | طوب |
| en brique (adj) | men el ṭūb | من الطوب |
| pierre (f) | ḥagar (m) | حجر |
| en pierre (adj) | ḥagary | حجري |
| béton (m) | χarasāna (f) | خرسانة |
| en béton (adj) | χarasāny | خرساني |
| neuf (adj) | gedīd | جديد |
| vieux (adj) | ʾadīm | قديم |
| délabré (adj) | ʾāayel lel soqūṭ | آيل للسقوط |
| moderne (adj) | moʿāṣer | معاصر |
| à plusieurs étages | motaʿadded el ṭawābeq | متعدّد الطوابق |
| haut (adj) | ʿāly | عالي |
| étage (m) | dore (m) | دور |
| sans étage (adj) | zu ṭābeq wāḥed | ذو طابق واحد |
| rez-de-chaussée (m) | el dore el awwal (m) | الدور الأوّل |
| dernier étage (m) | ṭābeʾ ʿolwy (m) | طابق علوي |
| toit (m) | saʾf (m) | سقف |
| cheminée (f) | madχana (f) | مدخنة |
| tuile (f) | qarmīd (m) | قرميد |
| en tuiles (adj) | men el qarmīd | من القرميد |
| grenier (m) | ʿelya (f) | علية |
| fenêtre (f) | ʃebbāk (m) | شبّاك |
| vitre (f) | ezāz (m) | إزاز |
| rebord (m) | ḥāfet el ʃebbāk (f) | حافة الشبّاك |
| volets (m pl) | ʃīʃ (m) | شيش |
| mur (m) | ḥeyṭa (f) | حيطة |
| balcon (m) | balakona (f) | بلكونة |
| gouttière (f) | masūret el taṣrīf (f) | ماسورة التصريف |
| en haut (à l'étage) | foʾe | فوق |
| monter (vi) | ṭeleʿ | طلع |
| descendre (vi) | nezel | نزل |
| déménager (vi) | naʾal | نقل |

## 83. La maison. L'entrée. L'ascenseur

| | | |
|---|---|---|
| entrée (f) | madҳal (m) | مدخل |
| escalier (m) | sellem (m) | سلّم |
| marches (f pl) | daragāt (pl) | درجات |
| rampe (f) | drabzīn (m) | درابزين |
| hall (m) | ṣāla (f) | صالة |
| boîte (f) à lettres | ṣandū' el barīd (m) | صندوق البريد |
| poubelle (f) d'extérieur | ṣandū' el zebāla (m) | صندوق الزبالة |
| vide-ordures (m) | manfaz el zebāla (m) | منفذ الزبالة |
| ascenseur (m) | asanseyr (m) | اسانسير |
| monte-charge (m) | asanseyr el ʃaḥn (m) | اسانسير الشحن |
| cabine (f) | kabīna (f) | كابينة |
| prendre l'ascenseur | rekeb el asanseyr | ركب الاسانسير |
| appartement (m) | ʃa''a (f) | شقّة |
| locataires (m pl) | sokkān (pl) | سكّان |
| voisin (m) | gār (m) | جار |
| voisine (f) | gāra (f) | جارة |
| voisins (m pl) | gerān (pl) | جيران |

## 84. La maison. La porte. La serrure

| | | |
|---|---|---|
| porte (f) | bāb (m) | باب |
| portail (m) | bawwāba (f) | بوّابة |
| poignée (f) | okret el bāb (f) | اوكرة الباب |
| déverrouiller (vt) | fataḥ | فتح |
| ouvrir (vt) | fataḥ | فتح |
| fermer (vt) | 'afal | قفل |
| clé (f) | meftāḥ (m) | مفتاح |
| trousseau (m), jeu (m) | rabṭa (f) | ربطة |
| grincer (la porte) | ṣarr | صر |
| grincement (m) | ṣarīr (m) | صرير |
| gond (m) | mafaṣṣla (f) | مفصّلة |
| paillasson (m) | seggādet bāb (f) | سجّادة باب |
| serrure (f) | 'efl el bāb (m) | قفل الباب |
| trou (m) de la serrure | ҳorm el meftāḥ (m) | خرم المفتاح |
| verrou (m) | terbās (m) | ترباس |
| loquet (m) | terbās (m) | ترباس |
| cadenas (m) | 'efl (m) | قفل |
| sonner (à la porte) | rann | رنّ |
| sonnerie (f) | ranīn (m) | رنين |
| sonnette (f) | garas (m) | جرس |
| bouton (m) | zerr (m) | زر |
| coups (m pl) à la porte | ṭar', da'' (m) | طرق, دقّ |
| frapper (~ à la porte) | ҳabbaṭ | خبّط |
| code (m) | kōd (m) | كود |
| serrure (f) à combinaison | kōd (m) | كود |

| | | |
|---|---|---|
| interphone (m) | garas el bāb (m) | جرس الباب |
| numéro (m) | raqam (m) | رقم |
| plaque (f) de porte | lawḥa (f) | لوحة |
| judas (m) | el ʿeyn el seḥriya (m) | العين السحرية |

## 85. La maison de campagne

| | | |
|---|---|---|
| village (m) | qarya (f) | قرية |
| potager (m) | bostān χoḍār (m) | بستان خضار |
| palissade (f) | sūr (m) | سور |
| clôture (f) | sūr (m) | سور |
| portillon (m) | bawwāba farʿiya (f) | بوّابة فرعيّة |
| grange (f) | ʃouna (f) | شونة |
| cave (f) | serdāb (m) | سرداب |
| abri (m) de jardin | saʾīfa (f) | سقيفة |
| puits (m) | bīr (m) | بير |
| poêle (m) (~ à bois) | forn (m) | فرن |
| chauffer le poêle | awqad el botogāz | أوقد البوتاجاز |
| bois (m) de chauffage | ḥaṭab (m) | حطب |
| bûche (f) | ʾeṭʿet ḥaṭab (f) | قطعة حطب |
| véranda (f) | varannda (f) | فارانده |
| terrasse (f) | ʃorfa (f) | شرفة |
| perron (m) d'entrée | sellem (m) | سلّم |
| balançoire (f) | morgeyḥa (f) | مرجيحة |

## 86. Le château. Le palais

| | | |
|---|---|---|
| château (m) | ʾalʿa (f) | قلعة |
| palais (m) | ʾaṣr (m) | قصر |
| forteresse (f) | ʾalʿa (f) | قلعة |
| muraille (f) | sūr (m) | سور |
| tour (f) | borg (m) | برج |
| donjon (m) | borbg raʾīsy (m) | برج رئيسي |
| herse (f) | bāb motaḥarrek (m) | باب متحرّك |
| souterrain (m) | serdāb (m) | سرداب |
| douve (f) | χondoq māʾy (m) | خندق مائي |
| chaîne (f) | selsela (f) | سلسلة |
| meurtrière (f) | mozɣal (m) | مزغل |
| magnifique (adj) | rāʾeʿ | رائع |
| majestueux (adj) | mohīb | مهيب |
| inaccessible (adj) | maneeʿ | منيع |
| médiéval (adj) | men el qorūn el wosṭa | من القرون الوسطى |

## 87. L'appartement

| | | |
|---|---|---|
| appartement (m) | ʃa"a (f) | شقّة |
| chambre (f) | oḍa (f) | أوضة |
| chambre (f) à coucher | oḍet el nome (f) | أوضة النوم |
| salle (f) à manger | oḍet el sofra (f) | أوضة السفرة |
| salon (m) | oḍet el esteqbāl (f) | أوضة الإستقبال |
| bureau (m) | maktab (m) | مكتب |
| antichambre (f) | madχal (m) | مدخل |
| salle (f) de bains | ḥammām (m) | حمّام |
| toilettes (f pl) | ḥammām (m) | حمّام |
| plafond (m) | sa'f (m) | سقف |
| plancher (m) | arḍiya (f) | أرضية |
| coin (m) | zawya (f) | زاوية |

## 88. L'appartement. Le ménage

| | | |
|---|---|---|
| faire le ménage | naḍḍaf | نظّف |
| ranger (jouets, etc.) | ʃāl | شال |
| poussière (f) | ɣobār (m) | غبار |
| poussiéreux (adj) | meɣabbar | مغبّر |
| essuyer la poussière | masaḥ el ɣobār | مسح الغبار |
| aspirateur (m) | maknasa kahraba'iya (f) | مكنسة كهربائيّة |
| passer l'aspirateur | naḍḍaf be maknasa kahrabā'iya | نظّف بمكنسة كهربائيّة |
| balayer (vt) | kanas | كنس |
| balayures (f pl) | qomāma (f) | قمامة |
| ordre (m) | nezām (m) | نظام |
| désordre (m) | fawḍa (m) | فوضى |
| balai (m) à franges | ʃarʃūba (f) | شرشوبة |
| torchon (m) | mamsaḥa (f) | ممسحة |
| balayette (f) de sorgho | ma'ʃa (f) | مقشّة |
| pelle (f) à ordures | lammāma (f) | لمّامة |

## 89. Les meubles. L'intérieur

| | | |
|---|---|---|
| meubles (m pl) | asās (m) | أثاث |
| table (f) | maktab (m) | مكتب |
| chaise (f) | korsy (m) | كرسي |
| lit (m) | serīr (m) | سرير |
| canapé (m) | kanaba (f) | كنبة |
| fauteuil (m) | korsy (m) | كرسي |
| bibliothèque (f) (meuble) | χazzānet kotob (f) | خزّانة كتب |
| rayon (m) | raff (m) | رفّ |
| armoire (f) | dolāb (m) | دولاب |
| patère (f) | ʃammā'a (f) | شمّاعة |

| | | |
|---|---|---|
| portemanteau (m) | ʃammāʿa (f) | شمّاعة |
| commode (f) | dolāb adrāg (m) | دولاب أدراج |
| table (f) basse | ṭarabeyzet el ʾahwa (f) | طرابيزة القهوة |
| miroir (m) | merāya (f) | مراية |
| tapis (m) | seggāda (f) | سجّادة |
| petit tapis (m) | seggāda (f) | سجّادة |
| cheminée (f) | daffāya (f) | دفّاية |
| bougie (f) | ʃamʿa (f) | شمعة |
| chandelier (m) | ʃamʿadān (m) | شمعدان |
| rideaux (m pl) | satāʾer (pl) | ستائر |
| papier (m) peint | waraʾ ḥāʾeṭ (m) | ورق حائط |
| jalousie (f) | satāʾer ofoqiya (pl) | ستائر أفقيّة |
| lampe (f) de table | abāʒūr (f) | اباجورة |
| applique (f) | lammbet ḥāʾeṭ (f) | لمّبة حائط |
| lampadaire (m) | meṣbāḥ arḍy (m) | مصباح أرضي |
| lustre (m) | nagafa (f) | نجفة |
| pied (m) (~ de la table) | regl (f) | رجل |
| accoudoir (m) | masnad (m) | مسند |
| dossier (m) | masnad (m) | مسند |
| tiroir (m) | dorg (m) | درج |

## 90. La literie

| | | |
|---|---|---|
| linge (m) de lit | bayāḍāt el serīr (pl) | بياضات السرير |
| oreiller (m) | maχadda (f) | مخدّة |
| taie (f) d'oreiller | kīs el maχadda (m) | كيس المخدّة |
| couverture (f) | leḥāf (m) | لحاف |
| drap (m) | melāya (f) | ملاية |
| couvre-lit (m) | ɣaṭāʾ el serīr (m) | غطاء السرير |

## 91. La cuisine

| | | |
|---|---|---|
| cuisine (f) | maṭbaχ (m) | مطبخ |
| gaz (m) | ɣāz (m) | غاز |
| cuisinière (f) à gaz | botoɣāz (m) | بوتوغاز |
| cuisinière (f) électrique | forn kaharabāʾy (m) | فرن كهربائي |
| four (m) | forn (m) | فرن |
| four (m) micro-ondes | mikroweyv (m) | ميكروويف |
| réfrigérateur (m) | tallāga (f) | ثلاجة |
| congélateur (m) | freyzer (m) | فريزر |
| lave-vaisselle (m) | ɣassālet aṭbāʾ (f) | غسّالة أطباق |
| hachoir (m) à viande | farrāmet laḥm (f) | فرّامة لحم |
| centrifugeuse (f) | ʿaṣṣāra (f) | عصّارة |
| grille-pain (m) | maḥmaṣet χobz (f) | محمصة خبز |
| batteur (m) | χallāṭ (m) | خلّاط |

| | | |
|---|---|---|
| machine (f) à café | makinet ṣonʿ el ʾahwa (f) | ماكينة صنع القهوة |
| cafetière (f) | ɣallāya kahrabaʾiya (f) | غلّاية القهوة |
| moulin (m) à café | maṭ-ḥanet ʾahwa (f) | مطحنة قهوة |
| bouilloire (f) | ɣallāya (f) | غلّاية |
| théière (f) | barrād el ʃāy (m) | برّاد الشاي |
| couvercle (m) | ɣaṭāʾ (m) | غطاء |
| passoire (f) à thé | maṣfāh el ʃāy (f) | مصفاة الشاي |
| cuillère (f) | maʿlaʾa (f) | معلقة |
| petite cuillère (f) | maʿlaʾet ʃāy (f) | معلقة شاي |
| cuillère (f) à soupe | maʿlaʾa kebīra (f) | ملعقة كبيرة |
| fourchette (f) | ʃawka (f) | شوكة |
| couteau (m) | sekkīna (f) | سكّينة |
| vaisselle (f) | awāny (pl) | أواني |
| assiette (f) | ṭabaʾ (m) | طبق |
| soucoupe (f) | ṭabaʾ fengān (m) | طبق فنجان |
| verre (m) à shot | kāsa (f) | كاسة |
| verre (m) (~ d'eau) | kobbāya (f) | كوبّاية |
| tasse (f) | fengān (m) | فنجان |
| sucrier (m) | sokkariya (f) | سكّريّة |
| salière (f) | mamlaḥa (f) | مملحة |
| poivrière (f) | mobhera (f) | مبهرة |
| beurrier (m) | ṭabaʾ zebda (m) | طبق زبدة |
| casserole (f) | ḥalla (f) | حلّة |
| poêle (f) | ṭāsa (f) | طاسة |
| louche (f) | maɣrafa (f) | مغرفة |
| passoire (f) | maṣfāh (f) | مصفاه |
| plateau (m) | ṣeniya (f) | صينيّة |
| bouteille (f) | ezāza (f) | إزازة |
| bocal (m) (à conserves) | barṭamān (m) | برطمان |
| boîte (f) en fer-blanc | kanz (m) | كانز |
| ouvre-bouteille (m) | fattāḥa (f) | فتّاحة |
| ouvre-boîte (m) | fattāḥa (f) | فتّاحة |
| tire-bouchon (m) | barrīma (f) | بريّمة |
| filtre (m) | filter (m) | فلتر |
| filtrer (vt) | ṣaffa | صفّى |
| ordures (f pl) | zebāla (f) | زبالة |
| poubelle (f) | ṣandūʾ el zebāla (m) | صندوق الزبالة |

## 92. La salle de bains

| | | |
|---|---|---|
| salle (f) de bains | ḥammām (m) | حمّام |
| eau (f) | meyāh (f) | مياه |
| robinet (m) | ḥanafiya (f) | حنفيّة |
| eau (f) chaude | maya soχna (f) | مايّة سخنة |
| eau (f) froide | maya barda (f) | مايّة باردة |

| | | |
|---|---|---|
| dentifrice (m) | maʿgūn asnān (m) | معجون أسنان |
| se brosser les dents | naḍḍaf el asnān | نظّف الأسنان |
| brosse (f) à dents | forʃet senān (f) | فرشة أسنان |
| se raser (vp) | ḥalaʾ | حلق |
| mousse (f) à raser | raɣwa lel ḥelāʾa (f) | رغوة للحلاقة |
| rasoir (m) | mūs (m) | موس |
| laver (vt) | ɣasal | غسل |
| se laver (vp) | estaḥamma | إستحمّى |
| douche (f) | doʃ (m) | دوش |
| prendre une douche | aχad doʃ | أخد دوش |
| baignoire (f) | banyo (m) | بانيو |
| cuvette (f) | twalet (m) | تواليت |
| lavabo (m) | ḥoḍe (m) | حوض |
| savon (m) | ṣabūn (m) | صابون |
| porte-savon (m) | ṣabbāna (f) | صبّانة |
| éponge (f) | līfa (f) | ليفة |
| shampooing (m) | ʃambū (m) | شامبو |
| serviette (f) | fūṭa (f) | فوطة |
| peignoir (m) de bain | robe el ḥammām (m) | روب حمّام |
| lessive (f) (faire la ~) | ɣasīl (m) | غسيل |
| machine (f) à laver | ɣassāla (f) | غسّالة |
| faire la lessive | ɣasal el malābes | غسل الملابس |
| lessive (f) (poudre) | mas-ḥūʾ ɣasīl (m) | مسحوق غسيل |

## 93. Les appareils électroménagers

| | | |
|---|---|---|
| téléviseur (m) | televizion (m) | تليفزيون |
| magnétophone (m) | gehāz tasgīl (m) | جهاز تسجيل |
| magnétoscope (m) | ʾāla tasgīl video (f) | آلة تسجيل فيديو |
| radio (f) | gehāz radio (m) | جهاز راديو |
| lecteur (m) | blayer (m) | بليير |
| vidéoprojecteur (m) | gehāz ʿarḍ (m) | جهاز عرض |
| home cinéma (m) | sinema manzeliya (f) | سينما منزليّة |
| lecteur DVD (m) | dividī blayer (m) | دي في دي بليير |
| amplificateur (m) | mokabbaer el ṣote (m) | مكبّر الصوت |
| console (f) de jeux | ʾātāry (m) | أتاري |
| caméscope (m) | kamera video (f) | كاميرا فيديو |
| appareil (m) photo | kamera (f) | كاميرا |
| appareil (m) photo numérique | kamera diʒital (f) | كاميرا ديجيتال |
| aspirateur (m) | maknasa kahrabaʾiya (f) | مكنسة كهربائيّة |
| fer (m) à repasser | makwa (f) | مكواة |
| planche (f) à repasser | lawḥet kayī (f) | لوحة كيّ |
| téléphone (m) | telefon (m) | تليفون |
| portable (m) | mobile (m) | موبايل |

| | | |
|---|---|---|
| machine (f) à écrire | 'āla katba (f) | آلة كاتبة |
| machine (f) à coudre | makanet el χeyāṭa (f) | مكنة الخياطة |
| micro (m) | mikrofon (m) | ميكروفون |
| écouteurs (m pl) | samma'āt ra'siya (pl) | سمّاعات رأسية |
| télécommande (f) | remowt kontrol (m) | ريموت كنترول |
| CD (m) | sidī (m) | سي دي |
| cassette (f) | kasett (m) | كاسيت |
| disque (m) (vinyle) | esṭewāna mūsīqa (f) | أسطوانة موسيقى |

## 94. Les travaux de réparation et de rénovation

| | | |
|---|---|---|
| rénovation (f) | tagdīdāt (m) | تجديدات |
| faire la rénovation | gadded | جدّد |
| réparer (vt) | ṣallaḥ | صلّح |
| remettre en ordre | nazzam | نظّم |
| refaire (vt) | 'ād | عاد |
| peinture (f) | dehān (m) | دهان |
| peindre (des murs) | dahhen | دهّن |
| peintre (m) en bâtiment | dahhān (m) | دهّان |
| pinceau (m) | forʃet dehān (f) | فرشاة الدهان |
| chaux (f) | maḥlūl mobayeḍ (m) | محلول مبيّض |
| blanchir à la chaux | beyḍ | بيّض |
| papier (m) peint | wara' ḥā'eṭ (m) | ورق حائط |
| tapisser (vt) | laṣaq wara' el ḥā'eṭ | لصق ورق الحائط |
| vernis (m) | warnīʃ (m) | ورنيش |
| vernir (vt) | ṭala bel warnīʃ | طلى بالورنيش |

## 95. La plomberie

| | | |
|---|---|---|
| eau (f) | meyāh (f) | مياه |
| eau (f) chaude | maya soχna (f) | مايّة سخنة |
| eau (f) froide | maya barda (f) | مايّة باردة |
| robinet (m) | ḥanafiya (f) | حنفيّة |
| goutte (f) | 'aṭra (f) | قطرة |
| goutter (vi) | 'aṭṭar | قطّر |
| fuir (tuyau) | sarrab | سرّب |
| fuite (f) | tasarrob (m) | تسرب |
| flaque (f) | berka (f) | بركة |
| tuyau (m) | masūra (f) | ماسورة |
| valve (f) | ṣamām (m) | صمام |
| se boucher (vp) | kān masdūd | كان مسدود |
| outils (m pl) | adawāt (pl) | أدوات |
| clé (f) réglable | el meftāḥ el englīzy (m) | المفتاح الإنجليزي |
| dévisser (vt) | fataḥ | فتح |

| | | |
|---|---|---|
| visser (vt) | aḥkam el ʃadd | أحكم الشدّ |
| déboucher (vt) | sallek | سلّك |
| plombier (m) | samkary (m) | سمكري |
| sous-sol (m) | badrome (m) | بدروم |
| égouts (m pl) | ʃabaket el magāry (f) | شبكة المجاري |

## 96. L'incendie

| | | |
|---|---|---|
| feu (m) | ḥarī' (m) | حريق |
| flamme (f) | lahab (m) | لهب |
| étincelle (f) | ʃarāra (f) | شرارة |
| fumée (f) | dokχān (m) | دخّان |
| flambeau (m) | ʃo'la (f) | شعلة |
| feu (m) de bois | nār moχayem (m) | نار مخيّم |
| essence (f) | banzīn (m) | بنزين |
| kérosène (m) | kerosīn (m) | كيروسين |
| inflammable (adj) | qābel lel eḥterāq | قابل للإحتراق |
| explosif (adj) | māda motafaggera | مادة متفجّرة |
| DÉFENSE DE FUMER | mamnū' el tadχīn | ممنوع التدخين |
| sécurité (f) | amn (m) | أمن |
| danger (m) | χaṭar (m) | خطر |
| dangereux (adj) | χaṭīr | خطير |
| prendre feu | eʃta'al | إشتعل |
| explosion (f) | enfegār (m) | إنفجار |
| mettre feu | aʃ'al el nār | أشعل النار |
| incendiaire (m) | moʃ'el ḥarīq 'an 'amd (m) | مشعل حريق عن عمد |
| incendie (m) prémédité | eḥrāq el momtalakāt (m) | إحراق الممتلكات |
| flamboyer (vi) | awhag | أوهج |
| brûler (vi) | et-ḥara' | إتحرق |
| brûler complètement | et-ḥara' | إتحرق |
| appeler les pompiers | kallim 'ism el ḥarī' | كلّم قسم الحريق |
| pompier (m) | rāgel el maṭāfy (m) | راجل المطافي |
| voiture (f) de pompiers | sayāret el maṭāfy (f) | سيّارة المطافي |
| sapeurs-pompiers (pl) | 'esm el maṭāfy (f) | قسم المطافي |
| échelle (f) des pompiers | sellem el maṭāfy (m) | سلّم المطافي |
| tuyau (m) d'incendie | χarṭūm el mayya (m) | خرطوم الميّة |
| extincteur (m) | ṭaffayet ḥarī' (f) | طفّاية حريق |
| casque (m) | χawza (f) | خوذة |
| sirène (f) | sarīna (f) | سرينة |
| crier (vi) | ṣarraχ | صرّخ |
| appeler au secours | estaɣās | إستغاث |
| secouriste (m) | monqez (m) | منقذ |
| sauver (vt) | anqaz | أنقذ |
| venir (vi) | weṣel | وصل |
| éteindre (feu) | ṭaffa | طفّى |
| eau (f) | meyāh (f) | مياه |

| | | |
|---|---|---|
| sable (m) | raml (m) | رمل |
| ruines (f pl) | ḥeṭām (pl) | حطام |
| tomber en ruine | enhār | إنهار |
| s'écrouler (vp) | enhār | إنهار |
| s'effondrer (vp) | enhār | إنهار |
| | | |
| morceau (m) (de mur, etc.) | ʾeṭʿet ḥeṭām (f) | قطعة حطام |
| cendre (f) | ramād (m) | رماد |
| | | |
| mourir étouffé | eθχanaʾ | إتخنق |
| périr (vi) | māt | مات |

# LES ACTIVITÉS HUMAINS

## Le travail. Les affaires. Partie 1

### 97. Les opérations bancaires

| | | |
|---|---|---|
| banque (f) | bank (m) | بنك |
| agence (f) bancaire | far' (m) | فرع |
| conseiller (m) | mowazzaf bank (m) | موظّف بنك |
| gérant (m) | modīr (m) | مدير |
| compte (m) | ḥesāb bank (m) | حساب بنك |
| numéro (m) du compte | raqam el ḥesāb (m) | رقم الحساب |
| compte (m) courant | ḥesāb gāry (m) | حساب جاري |
| compte (m) sur livret | ḥesāb tawfīr (m) | حساب توفير |
| ouvrir un compte | fataḥ ḥesāb | فتح حساب |
| clôturer le compte | 'afal ḥesāb | قفل حساب |
| verser dans le compte | awda' fel ḥesāb | أودع في الحساب |
| retirer du compte | saḥab men el ḥesāb | سحب من الحساب |
| dépôt (m) | wadee'a (f) | وديعة |
| faire un dépôt | awda' | أودع |
| virement (m) bancaire | ḥewāla maṣrefiya (f) | حوالة مصرفيّة |
| faire un transfert | ḥawwel | حوّل |
| somme (f) | mablaɣ (m) | مبلغ |
| Combien? | kām? | كام؟ |
| signature (f) | tawqee' (m) | توقيع |
| signer (vt) | waqqa' | وقّع |
| carte (f) de crédit | kredit kard (f) | كريدت كارد |
| code (m) | kōd (m) | كود |
| numéro (m) de carte de crédit | raqam el kredit kard (m) | رقم الكريدت كارد |
| distributeur (m) | makinet ṣarrāf 'āly (f) | ماكينة صرّاف آلي |
| chèque (m) | ʃīk (m) | شيك |
| faire un chèque | katab ʃīk | كتب شيك |
| chéquier (m) | daftar ʃikāt (m) | دفتر شيكات |
| crédit (m) | qarḍ (m) | قرض |
| demander un crédit | 'addem ṭalab 'ala qarḍ | قدّم طلب على قرض |
| prendre un crédit | ḥaṣal 'ala qarḍ | حصل على قرض |
| accorder un crédit | edda qarḍ | ادّى قرض |
| gage (m) | ḍamān (m) | ضمان |

## 98. Le téléphone. La conversation téléphonique

| | | |
|---|---|---|
| téléphone (m) | telefon (m) | تليفون |
| portable (m) | mobile (m) | موبايل |
| répondeur (m) | gehāz radd ʿalal mokalmāt (m) | جهاز ردّ على المكالمات |
| téléphoner, appeler | ettaṣal | إتّصل |
| appel (m) | mokalma telefoniya (f) | مكالمة تليفونية |
| composer le numéro | ettaṣal be raqam | إتّصل برقم |
| Allô! | alo! | ألو! |
| demander (~ l'heure) | sa'al | سأل |
| répondre (vi, vt) | radd | ردّ |
| entendre (bruit, etc.) | semeʿ | سمع |
| bien (adv) | kewayes | كويّس |
| mal (adv) | meʃ kowayīs | مش كويّس |
| bruits (m pl) | taʃwīʃ (m) | تشويش |
| récepteur (m) | sammāʿa (f) | سمّاعة |
| décrocher (vt) | rafaʿ el sammāʿa | رفع السمّاعة |
| raccrocher (vi) | 'afal el sammāʿa | قفل السمّاعة |
| occupé (adj) | maʃɣūl | مشغول |
| sonner (vi) | rann | رنّ |
| carnet (m) de téléphone | dalīl el telefone (m) | دليل التليفون |
| local (adj) | maḥalliyya | ة محلّيّة |
| appel (m) local | mokalma maḥalliya (f) | مكالمة محلّيّة |
| interurbain (adj) | biʿīd | بعيد |
| appel (m) interurbain | mokalma biʿīda (f) | مكالمة بعيدة المدى |
| international (adj) | dowly | دوّلي |
| appel (m) international | mokalma dowliya (f) | مكالمة دوليّة |

## 99. Le téléphone portable

| | | |
|---|---|---|
| portable (m) | mobile (m) | موبايل |
| écran (m) | ʿarḍ (m) | عرض |
| bouton (m) | zerr (m) | زرّ |
| carte SIM (f) | sim kard (m) | سيم كارد |
| pile (f) | baṭṭariya (f) | بطّاريّة |
| être déchargé | χelṣet | خلصت |
| chargeur (m) | ʃāḥen (m) | شاحن |
| menu (m) | qā'ema (f) | قائمة |
| réglages (m pl) | awḍāʿ (pl) | أوضاع |
| mélodie (f) | naɣama (f) | نغمة |
| sélectionner (vt) | eχtār | إختار |
| calculatrice (f) | 'āla ḥasba (f) | آلة حاسبة |
| répondeur (m) | barīd ṣawty (m) | بريد صوتي |
| réveil (m) | monabbeh (m) | منبّه |

| | | |
|---|---|---|
| contacts (m pl) | gehāt el etteṣāl (pl) | جهات الإتّصال |
| SMS (m) | resāla 'aṣīra ɛsɛmɛs (f) | رسالة قصيرة sms |
| abonné (m) | moʃtarek (m) | مشترك |

## 100. La papeterie

| | | |
|---|---|---|
| stylo (m) à bille | 'alam gāf (m) | قلم جاف |
| stylo (m) à plume | 'alam rīʃa (m) | قلم ريشة |
| crayon (m) | 'alam roṣāṣ (m) | قلم رصاص |
| marqueur (m) | markar (m) | ماركر |
| feutre (m) | 'alam fulumaster (m) | قلم فلوماستر |
| bloc-notes (m) | mozakkera (f) | مذكّرة |
| agenda (m) | gadwal el a'māl (m) | جدول الأعمال |
| règle (f) | masṭara (f) | مسطرة |
| calculatrice (f) | 'āla ḥasba (f) | آلة حاسبة |
| gomme (f) | astīka (f) | استيكة |
| punaise (f) | dabbūs (m) | دبّوس |
| trombone (m) | dabbūs wara' (m) | دبّوس ورق |
| colle (f) | ṣamɣ (m) | صمغ |
| agrafeuse (f) | dabbāsa (f) | دبّاسة |
| perforateur (m) | χarrāma (m) | خرّامة |
| taille-crayon (m) | barrāya (f) | برّاية |

# Le travail. Les affaires. Partie 2

## 101. Les médias de masse

| | | |
|---|---|---|
| journal (m) | garīda (f) | جريدة |
| revue (f) | magalla (f) | مجلّة |
| presse (f) | ṣaḥāfa (f) | صحافة |
| radio (f) | radio (m) | راديو |
| station (f) de radio | maḥaṭṭet radio (f) | محطة راديو |
| télévision (f) | televizion (m) | تليفزيون |
| animateur (m) | mo'addem (m) | مقدّم |
| présentateur (m) de journaux télévisés | mozeeʿ (m) | مذيع |
| commentateur (m) | moʿalleq (m) | معلّق |
| journaliste (m) | ṣaḥafy (m) | صحفي |
| correspondant (m) | morāsel (m) | مراسل |
| reporter photographe (m) | moṣawwer ṣaḥafy (m) | مصوّر صحفي |
| reporter (m) | ṣaḥafy (m) | صحفي |
| rédacteur (m) | moḥarrer (m) | محرّر |
| rédacteur (m) en chef | ra'īs taḥrīr (m) | رئيس تحرير |
| s'abonner (vp) | eʃtarak | إشترك |
| abonnement (m) | eʃterāk (m) | إشتراك |
| abonné (m) | moʃtarek (m) | مشترك |
| lire (vi, vt) | 'ara | قرأ |
| lecteur (m) | qāre' (m) | قارئ |
| tirage (m) | tadāwol (m) | تداول |
| mensuel (adj) | ʃahry | شهري |
| hebdomadaire (adj) | osbūʿy | أسبوعي |
| numéro (m) | ʿadad (m) | عدد |
| nouveau (~ numéro) | gedīd | جديد |
| titre (m) | ʿenwān (m) | عنوان |
| entrefilet (m) | maqāla saɣīra (f) | مقالة قصيرة |
| rubrique (f) | ʿamūd (m) | عمود |
| article (m) | maqāla (f) | مقالة |
| page (f) | ṣafḥa (f) | صفحة |
| reportage (m) | rebortāʒ (m) | ريبورتاج |
| événement (m) | ḥadass (m) | حدث |
| sensation (f) | ḍagga (f) | ضجّة |
| scandale (m) | feḍīḥa (f) | فضيحة |
| scandaleux | fāḍeḥ | فاضح |
| grand (~ scandale) | ʃahīr | شهير |
| émission (f) | barnāmeg (m) | برنامج |
| interview (f) | leqā' ṣaḥafy (m) | لقاء صحفي |

| | | |
|---|---|---|
| émission (f) en direct | ezā'a mobāʃera (f) | إذاعة مباشرة |
| chaîne (f) (~ payante) | qanah (f) | قناة |

## 102. L'agriculture

| | | |
|---|---|---|
| agriculture (f) | zerā'a (f) | زراعة |
| paysan (m) | fallāḥ (m) | فلّاح |
| paysanne (f) | fallāḥa (f) | فلّاحة |
| fermier (m) | mozāre' (m) | مزارع |
| tracteur (m) | garrār (m) | جرّار |
| moissonneuse-batteuse (f) | ḥaṣṣāda (f) | حصّادة |
| charrue (f) | meḥrās (m) | محراث |
| labourer (vt) | ḥaras | حرث |
| champ (m) labouré | ḥaql maḥrūθ (m) | حقل محروث |
| sillon (m) | talem (m) | تلم |
| semer (vt) | bezr | بذر |
| semeuse (f) | bazzara (f) | بذّارة |
| semailles (f pl) | zar' (m) | زرع |
| faux (f) | meḥasʃ (m) | محشّ |
| faucher (vt) | ḥasʃ | حشّ |
| pelle (f) | karīk (m) | كريك |
| bêcher (vt) | ḥaras | حرث |
| couperet (m) | magrafa (f) | مجرفة |
| sarcler (vt) | est'ṣal nabatāt | إستأصل نباتات |
| mauvaise herbe (f) | nabāt ṭafayly (m) | نبات طفيلي |
| arrosoir (m) | raʃāʃa (f) | رشّاشة |
| arroser (plantes) | sa'a | سقى |
| arrosage (m) | sa'y (m) | سقي |
| fourche (f) | mazrāh (f) | مذراة |
| râteau (m) | madamma (f) | مدمّة |
| engrais (m) | semād (m) | سماد |
| engraisser (vt) | sammed | سمّد |
| fumier (m) | semād (m) | سماد |
| champ (m) | ḥaql (m) | حقل |
| pré (m) | marag (m) | مرج |
| potager (m) | bostān χoḍār (m) | بستان خضار |
| jardin (m) | bostān (m) | بستان |
| faire paître | ra'a | رعى |
| berger (m) | rā'y (m) | راعي |
| pâturage (m) | mar'a (m) | مرعى |
| élevage (m) | tarbeya el mawāʃy (f) | تربية المواشي |
| élevage (m) de moutons | tarbeya aɣnām (f) | تربية أغنام |

| | | |
|---|---|---|
| plantation (f) | mazraʿa (f) | مزرعة |
| plate-bande (f) | ḥoḍe (m) | حوض |
| serre (f) | dafīʾa (f) | دفيئة |
| sécheresse (f) | gafāf (m) | جفاف |
| sec (l'été ~) | gāf | جاف |
| grains (m pl) | ḥobūb (pl) | حبوب |
| céréales (f pl) | maḥaṣīl el ḥubūb (pl) | محاصيل الحبوب |
| récolter (vt) | ḥaṣad | حصد |
| meunier (m) | ṭaḥḥān (m) | طحّان |
| moulin (m) | ṭaḥūna (f) | طاحونة |
| moudre (vt) | ṭaḥn el ḥobūb | طحن الحبوب |
| farine (f) | deʾīʾ (m) | دقيق |
| paille (f) | ʾaʃ (m) | قشّ |

## 103. Le BTP et la construction

| | | |
|---|---|---|
| chantier (m) | arḍ benāʾ (f) | أرض بناء |
| construire (vt) | bana | بنى |
| ouvrier (m) du bâtiment | ʿāmel benāʾ (m) | عامل بناء |
| projet (m) | maʃrūʿ (m) | مشروع |
| architecte (m) | mohandes meʿmāry (m) | مهندس معماري |
| ouvrier (m) | ʿāmel (m) | عامل |
| fondations (f pl) | asās (m) | أساس |
| toit (m) | saʾf (m) | سقف |
| pieu (m) de fondation | kawmet el asās (f) | كومة الأساس |
| mur (m) | ḥeyṭa (f) | حيطة |
| ferraillage (m) | ḥadīd taslīḥ (m) | حديد تسليح |
| échafaudage (m) | saʾʾāla (f) | سقّالة |
| béton (m) | χarasāna (f) | خرسانة |
| granit (m) | granīt (m) | جرانيت |
| pierre (f) | ḥagar (m) | حجر |
| brique (f) | ṭūb (m) | طوب |
| sable (m) | raml (m) | رمل |
| ciment (m) | asmant (m) | إسمنت |
| plâtre (m) | ṭalāʾ gaṣṣ (m) | طلاء جصّ |
| plâtrer (vt) | ṭala bel gaṣṣ | طلى بالجصّ |
| peinture (f) | dehān (m) | دهان |
| peindre (des murs) | dahhen | دهّن |
| tonneau (m) | barmīl (m) | برميل |
| grue (f) | rāfeʿa (f) | رافعة |
| monter (vt) | rafaʿ | رفع |
| abaisser (vt) | nazzel | نزّل |
| bulldozer (m) | bulldozer (m) | بولدوزر |
| excavateur (m) | ḥaffāra (f) | حفّارة |

| | | |
|---|---|---|
| godet (m) | magrafa (f) | مجرفة |
| creuser (vt) | ḥafar | حفر |
| casque (m) | χawza (f) | خوذة |

# Les professions. Les mètiers

## 104. La recherche d'emploi. Le licenciement

| | | |
|---|---|---|
| travail (m) | ʿamal (m) | عمل |
| employés (pl) | kawādir (pl) | كوادر |
| personnel (m) | ṭāqem el ʿāmelīn (m) | طاقم العاملين |
| carrière (f) | mehna (f) | مهنة |
| perspective (f) | ʾāfāq (pl) | آفاق |
| maîtrise (f) | maharāt (pl) | مهارات |
| sélection (f) | eχteyār (m) | إختيار |
| agence (f) de recrutement | wekālet tawẓīf (f) | وكالة توّظيف |
| C.V. (m) | sīra zātiya (f) | سيرة ذاتيّة |
| entretien (m) | moʾablet ʿamal (f) | مقابلة عمل |
| emploi (m) vacant | wazīfa χaleya (f) | وظيفة خالية |
| salaire (m) | morattab (m) | مرتّب |
| salaire (m) fixe | rāteb sābet (m) | راتب ثابت |
| rémunération (f) | ogra (f) | أجرة |
| poste (m) (~ évolutif) | manṣeb (m) | منصب |
| fonction (f) | wāgeb (m) | واجب |
| liste (f) des fonctions | magmūʿa men el wāgebāt (f) | مجموعة من الواجبات |
| occupé (adj) | maʃɣūl | مشغول |
| licencier (vt) | rafad | رفد |
| licenciement (m) | eqāla (m) | إقالة |
| chômage (m) | baṭāla (f) | بطالة |
| chômeur (m) | ʿāṭel (m) | عاطل |
| retraite (f) | maʿāʃ (m) | معاش |
| prendre sa retraite | oḥīl ʿala el maʿāʃ | أحيل على المعاش |

## 105. Les hommes d'affaires

| | | |
|---|---|---|
| directeur (m) | modīr (m) | مدير |
| gérant (m) | modīr (m) | مدير |
| patron (m) | raʾīs (m) | رئيس |
| supérieur (m) | motafawweq (m) | متفوّق |
| supérieurs (m pl) | roʾasāʾ (pl) | رؤساء |
| président (m) | raʾīs (m) | رئيس |
| président (m) (d'entreprise) | raʾīs (m) | رئيس |
| adjoint (m) | nāʾeb (m) | نائب |
| assistant (m) | mosāʿed (m) | مساعد |

| | | |
|---|---|---|
| secrétaire (m, f) | sekerteyr (m) | سكرتير |
| secrétaire (m, f) personnel | sekerteyr χāṣ (m) | سكرتير خاص |
| homme (m) d'affaires | ragol aʿmāl (m) | رجل أعمال |
| entrepreneur (m) | rāʾed aʿmāl (m) | رائد أعمال |
| fondateur (m) | moʾasses (m) | مؤسّس |
| fonder (vt) | asses | أسّس |
| fondateur (m) | moʾasses (m) | مؤسّس |
| partenaire (m) | ʃerīk (m) | شريك |
| actionnaire (m) | mālek el as-hom (m) | مالك الأسهم |
| millionnaire (m) | millyonīr (m) | مليونير |
| milliardaire (m) | milliardīr (m) | ملياردير |
| propriétaire (m) | ṣāḥeb (m) | صاحب |
| propriétaire (m) foncier | ṣāḥeb el arḍ (m) | صاحب الأرض |
| client (m) | ʿamīl (m) | عميل |
| client (m) régulier | ʿamīl dāʾem (m) | عميل دائم |
| acheteur (m) | moʃtary (m) | مشتري |
| visiteur (m) | zāʾer (m) | زائر |
| professionnel (m) | moḥtaref (m) | محترف |
| expert (m) | χabīr (m) | خبير |
| spécialiste (m) | motaχaṣṣeṣ (m) | متخصّص |
| banquier (m) | ṣāḥeb maṣraf (m) | صاحب مصرف |
| courtier (m) | semsār (m) | سمسار |
| caissier (m) | ʿāmel kaʃier (m) | عامل كاشيير |
| comptable (m) | muḥāseb (m) | محاسب |
| agent (m) de sécurité | ḥāres amn (m) | حارس أمن |
| investisseur (m) | mostasmer (m) | مستثمر |
| débiteur (m) | modīn (m) | مدين |
| créancier (m) | dāʾen (m) | دائن |
| emprunteur (m) | moqtareḍ (m) | مقترض |
| importateur (m) | mostawred (m) | مستوّرد |
| exportateur (m) | moṣadder (m) | مصدّر |
| producteur (m) | el ʃerka el moṣanneʿa (f) | الشركة المصنّعة |
| distributeur (m) | mowazzeʿ (m) | موزّع |
| intermédiaire (m) | wasīṭ (m) | وسيط |
| conseiller (m) | mostaʃār (m) | مستشار |
| représentant (m) | mandūb mabiʿāt (m) | مندوب مبيعات |
| agent (m) | wakīl (m) | وكيل |
| agent (m) d'assurances | wakīl el taʾmīn (m) | وكيل التأمين |

## 106. Les mètiers des services

| | | |
|---|---|---|
| cuisinier (m) | ṭabbāχ (m) | طبّاخ |
| cuisinier (m) en chef | el ʃeyf (m) | الشيف |

| | | |
|---|---|---|
| boulanger (m) | xabbāz (m) | خبّاز |
| barman (m) | bārman (m) | بارمان |
| serveur (m) | garsone (m) | جرسون |
| serveuse (f) | garsona (f) | جرسونة |
| avocat (m) | muḥāmy (m) | محامي |
| juriste (m) | muḥāmy xabīr qanūny (m) | محامي خبير قانوني |
| notaire (m) | mowassaq (m) | موثّق |
| électricien (m) | kahrabā'y (m) | كهربائي |
| plombier (m) | samkary (m) | سمكري |
| charpentier (m) | naggār (m) | نجّار |
| masseur (m) | modallek (m) | مدلّك |
| masseuse (f) | modalleka (f) | مدلّكة |
| médecin (m) | doktore (m) | دكتور |
| chauffeur (m) de taxi | sawwā' taksi (m) | سوّاق تاكسي |
| chauffeur (m) | sawwā' (m) | سوّاق |
| livreur (m) | rāgel el delivery (m) | راجل الديلفري |
| femme (f) de chambre | 'āmela tandīf ɣoraf (f) | عاملة تنظيف غرف |
| agent (m) de sécurité | ḥāres amn (m) | حارس أمن |
| hôtesse (f) de l'air | moḍīfet ṭayarān (f) | مضيفة طيران |
| professeur (m) | modarres madrasa (m) | مدرّس مدرسة |
| bibliothécaire (m) | amīn maktaba (m) | أمين مكتبة |
| traducteur (m) | motargem (m) | مترجم |
| interprète (m) | motargem fawwry (m) | مترجم فوّري |
| guide (m) | morʃed (m) | مرشد |
| coiffeur (m) | ḥallā' (m) | حلّاق |
| facteur (m) | sā'y el barīd (m) | ساعي البريد |
| vendeur (m) | bayā' (m) | بيّاع |
| jardinier (m) | bostāny (m) | بستاني |
| serviteur (m) | xādema (m) | خادمة |
| servante (f) | xadema (f) | خادمة |
| femme (f) de ménage | 'āmela tandīf (f) | عاملة تنظيف |

## 107. Les professions militaires et leurs grades

| | | |
|---|---|---|
| soldat (m) (grade) | gondy (m) | جنّدي |
| sergent (m) | raqīb tāny (m) | رقيب تاني |
| lieutenant (m) | molāzem tāny (m) | ملازم تاني |
| capitaine (m) | naqīb (m) | نقيب |
| commandant (m) | rā'ed (m) | رائد |
| colonel (m) | 'aqīd (m) | عقيد |
| général (m) | ʒenerāl (m) | جنرال |
| maréchal (m) | marʃāl (m) | مارشال |
| amiral (m) | amerāl (m) | أميرال |
| militaire (m) | 'askary (m) | عسكري |
| soldat (m) | gondy (m) | جنّدي |

| | | |
|---|---|---|
| officier (m) | ḍābeṭ (m) | ضابط |
| commandant (m) | qā'ed (m) | قائد |
| garde-frontière (m) | ḥaras ḥodūd (m) | حرس حدود |
| opérateur (m) radio | 'āmel lāselky (m) | عامل لاسلكي |
| éclaireur (m) | rā'ed mostakʃef (m) | رائد مستكشف |
| démineur (m) | mohandes 'askary (m) | مهندس عسكري |
| tireur (m) | rāmy (m) | رامي |
| navigateur (m) | mallāḥ (m) | ملاّح |

## 108. Les fonctionnaires. Les prêtres

| | | |
|---|---|---|
| roi (m) | malek (m) | ملك |
| reine (f) | maleka (f) | ملكة |
| prince (m) | amīr (m) | أمير |
| princesse (f) | amīra (f) | أميرة |
| tsar (m) | qayṣar (m) | قيصر |
| tsarine (f) | qayṣara (f) | قيصرة |
| président (m) | ra'īs (m) | رئيس |
| ministre (m) | wazīr (m) | وزير |
| premier ministre (m) | ra'īs wozarā' (m) | رئيس وزراء |
| sénateur (m) | 'oḍw magles el ʃoyūχ (m) | عضو مجلس الشيوخ |
| diplomate (m) | deblomāsy (m) | دبلوماسي |
| consul (m) | qonṣol (m) | قنصل |
| ambassadeur (m) | safīr (m) | سفير |
| conseiller (m) | mostaʃār (m) | مستشار |
| fonctionnaire (m) | mowazzaf (m) | موظّف |
| préfet (m) | ra'īs edāret el ḥayī (m) | رئيس إدارة الحي |
| maire (m) | ra'īs el baladiya (m) | رئيس البلديّة |
| juge (m) | qāḍy (m) | قاضي |
| procureur (m) | el na'eb el 'ām (m) | النائب العام |
| missionnaire (m) | mobasʃer (m) | مبشّر |
| moine (m) | rāheb (m) | راهب |
| abbé (m) | ra'īs el deyr (m) | رئيس الدير |
| rabbin (m) | ḥaχām (m) | حاخام |
| vizir (m) | wazīr (m) | وزير |
| shah (m) | ʃāh (m) | شاه |
| cheik (m) | ʃεyχ (m) | شيخ |

## 109. Les professions agricoles

| | | |
|---|---|---|
| apiculteur (m) | naḥḥāl (m) | نحّال |
| berger (m) | rā'y (m) | راعي |
| agronome (m) | mohandes zerā'y (m) | مهندس زراعي |

| | | |
|---|---|---|
| éleveur (m) | morabby el mawāʃy (m) | مربّي المواشي |
| vétérinaire (m) | doktore beṭary (m) | دكتور بيطري |
| fermier (m) | mozāreʿ (m) | مزارع |
| vinificateur (m) | ṣāneʿ el χamr (m) | صانع الخمر |
| zoologiste (m) | χabīr fe ʿelm el ḥayawān (m) | خبير في علم الحيوان |
| cow-boy (m) | rāʿy el baʾar (m) | راعي البقر |

## 110. Les professions artistiques

| | | |
|---|---|---|
| acteur (m) | momassel (m) | ممثّل |
| actrice (f) | momassela (f) | ممثّلة |
| chanteur (m) | moṭreb (m) | مطرب |
| cantatrice (f) | moṭreba (f) | مطربة |
| danseur (m) | rāqeṣ (m) | راقص |
| danseuse (f) | raʾāṣa (f) | راقصة |
| artiste (m) | fannān (m) | فنّان |
| artiste (f) | fannāna (f) | فنّانة |
| musicien (m) | ʿāzef (m) | عازف |
| pianiste (m) | ʿāzef biano (m) | عازف بيانو |
| guitariste (m) | ʿāzef guitar (m) | عازف جيتار |
| chef (m) d'orchestre | qāʾed orkestra (m) | قائد أوركسترا |
| compositeur (m) | molaḥḥen (m) | ملحّن |
| imprésario (m) | modīr ferʾa (m) | مدير فرقة |
| metteur (m) en scène | moχreg aflām (m) | مخرج أفلام |
| producteur (m) | monteg (m) | منتج |
| scénariste (m) | kāteb senario (m) | كاتب سيناريو |
| critique (m) | nāqed (m) | ناقد |
| écrivain (m) | kāteb (m) | كاتب |
| poète (m) | ʃāʿer (m) | شاعر |
| sculpteur (m) | naḥḥāt (m) | نحّات |
| peintre (m) | rassām (m) | رسّام |
| jongleur (m) | bahlawān (m) | بهلوان |
| clown (m) | aragoze (m) | أراجوز |
| acrobate (m) | bahlawān (m) | بهلوان |
| magicien (m) | sāḥer (m) | ساحر |

## 111. Les diffèrents mètiers

| | | |
|---|---|---|
| médecin (m) | doktore (m) | دكتور |
| infirmière (f) | momarreḍa (f) | ممرّضة |
| psychiatre (m) | doktore nafsāny (m) | دكتور نفساني |
| stomatologue (m) | doktore asnān (m) | دكتور أسنان |
| chirurgien (m) | garrāḥ (m) | جرّاح |

| | | |
|---|---|---|
| astronaute (m) | rā'ed faḍā' (m) | رائد فضاء |
| astronome (m) | 'ālem falak (m) | عالم فلك |
| pilote (m) | ṭayār (m) | طيّار |
| chauffeur (m) | sawwā' (m) | سوّاق |
| conducteur (m) de train | sawwā' (m) | سوّاق |
| mécanicien (m) | mikanīky (m) | ميكانيكي |
| mineur (m) | 'āmel mangam (m) | عامل منجم |
| ouvrier (m) | 'āmel (m) | عامل |
| serrurier (m) | 'affāl (m) | قفّال |
| menuisier (m) | naggār (m) | نجّار |
| tourneur (m) | χarrāṭ (m) | خرّاط |
| ouvrier (m) du bâtiment | 'āmel benā' (m) | عامل بناء |
| soudeur (m) | laḥḥām (m) | لحّام |
| professeur (m) (titre) | brofessor (m) | بروفيسور |
| architecte (m) | mohandes me'māry (m) | مهندس معماري |
| historien (m) | mo'arreχ (m) | مؤرّخ |
| savant (m) | 'ālem (m) | عالم |
| physicien (m) | fizyā'y (m) | فيزيائي |
| chimiste (m) | kemyā'y (m) | كيميائي |
| archéologue (m) | 'ālem'āsār (m) | عالم آثار |
| géologue (m) | ʒeoloʒy (m) | جيولوجي |
| chercheur (m) | bāḥes (m) | باحث |
| baby-sitter (m, f) | dāda (f) | دادة |
| pédagogue (m, f) | mo'allem (m) | معلّم |
| rédacteur (m) | moḥarrer (m) | محرّر |
| rédacteur (m) en chef | ra'īs taḥrīr (m) | رئيس تحرير |
| correspondant (m) | morāsel (m) | مراسل |
| dactylographe (f) | kāteba 'ala el 'āla el kāteba (f) | كاتبة على الآلة الكاتبة |
| designer (m) | moṣammem (m) | مصمّم |
| informaticien (m) | motaχaṣṣeṣ bel kombuter (m) | متخصص بالكمبيوتر |
| programmeur (m) | mobarmeg (m) | مبرمج |
| ingénieur (m) | mohandes (m) | مهندس |
| marin (m) | baḥḥār (m) | بحّار |
| matelot (m) | baḥḥār (m) | بحّار |
| secouriste (m) | monqez (m) | منقذ |
| pompier (m) | rāgel el maṭāfy (m) | راجل المطافئ |
| policier (m) | ʃorṭy (m) | شرطي |
| veilleur (m) de nuit | ḥāres (m) | حارس |
| détective (m) | moḥaqqeq (m) | محقّق |
| douanier (m) | mowazzaf el gamārek (m) | موظّف الجمارك |
| garde (m) du corps | ḥāres ʃaχṣy (m) | حارس شخصي |
| gardien (m) de prison | ḥāres segn (m) | حارس سجن |
| inspecteur (m) | mofatteʃ (m) | مفتّش |
| sportif (m) | reyāḍy (m) | رياضي |
| entraîneur (m) | modarreb (m) | مدرّب |

| | | |
|---|---|---|
| boucher (m) | gazzār (m) | جزّار |
| cordonnier (m) | eskāfy (m) | إسكافي |
| commerçant (m) | tāger (m) | تاجر |
| chargeur (m) | ʃayāl (m) | شيّال |
| couturier (m) | moṣammem azyā' (m) | مصمّم أزياء |
| modèle (f) | modeyl (f) | موديل |

## 112. Les occupations. Le statut social

| | | |
|---|---|---|
| écolier (m) | talmīz (m) | تلميذ |
| étudiant (m) | ṭāleb (m) | طالب |
| philosophe (m) | faylasūf (m) | فيلسوف |
| économiste (m) | eqtiṣādy (m) | إقتصادي |
| inventeur (m) | moχtareʿ (m) | مخترع |
| chômeur (m) | ʿāṭel (m) | عاطل |
| retraité (m) | motaqāʿed (m) | متقاعد |
| espion (m) | gasūs (m) | جاسوس |
| prisonnier (m) | sagīn (m) | سجين |
| gréviste (m) | moḍrab (m) | مضرب |
| bureaucrate (m) | buroqrāṭy (m) | بيوروقراطي |
| voyageur (m) | raḥḥāla (m) | رحّالة |
| homosexuel (m) | ʃāz (m) | شاذ |
| hacker (m) | haker (m) | هاكِر |
| hippie (m, f) | hippi (m) | هيبّي |
| bandit (m) | qāṭeʿ ṭarī' (m) | قاطع طريق |
| tueur (m) à gages | qātel ma'gūr (m) | قاتل مأجور |
| drogué (m) | modmen moχaddarāt (m) | مدمن مخدّرات |
| trafiquant (m) de drogue | tāger moχaddarāt (m) | تاجر مخدّرات |
| prostituée (f) | mommos (f) | مومّس |
| souteneur (m) | qawwād (m) | قوّاد |
| sorcier (m) | sāḥer (m) | ساحر |
| sorcière (f) | sāḥera (f) | ساحرة |
| pirate (m) | 'orṣān (m) | قرصان |
| esclave (m) | ʿabd (m) | عبد |
| samouraï (m) | samuray (m) | ساموراي |
| sauvage (m) | motawaḥḥeʃ (m) | متوحّش |

# Le sport

## 113. Les types de sports. Les sportifs

| | | |
|---|---|---|
| sportif (m) | reyāḍy (m) | رياضي |
| type (m) de sport | nū' men el reyāḍa (m) | نوع من الرياضة |
| basket-ball (m) | koret el salla (f) | كرة السلّة |
| basketteur (m) | lā'eb korat el salla (m) | لاعب كرة السلّة |
| base-ball (m) | baseball (m) | بيسبول |
| joueur (m) de base-ball | lā'eb basebāl (m) | لاعب بيسبول |
| football (m) | koret el qadam (f) | كرة القدم |
| joueur (m) de football | lā'eb korat qadam (m) | لاعب كرة القدم |
| gardien (m) de but | ḥāres el marma (m) | حارس المرمى |
| hockey (m) | hoky (m) | هوكي |
| hockeyeur (m) | lā'eb hoky (m) | لاعب هوكي |
| volley-ball (m) | voliball (m) | فولي بول |
| joueur (m) de volley-ball | lā'eb volly bal (m) | لاعب فولي بول |
| boxe (f) | molakma (f) | ملاكمة |
| boxeur (m) | molākem (m) | ملاكم |
| lutte (f) | moṣar'a (f) | مصارعة |
| lutteur (m) | moṣāre' (m) | مصارع |
| karaté (m) | karate (m) | كاراتيه |
| karatéka (m) | lā'eb karateyh (m) | لاعب كاراتيه |
| judo (m) | ʒudo (m) | جودو |
| judoka (m) | lā'eb ʒudo (m) | لاعب جودو |
| tennis (m) | tennis (m) | تنس |
| joueur (m) de tennis | lā'eb tennis (m) | لاعب تنس |
| natation (f) | sebāḥa (f) | سباحة |
| nageur (m) | sabbāḥ (m) | سبّاح |
| escrime (f) | mobarza (f) | مبارزة |
| escrimeur (m) | mobārez (m) | مبارز |
| échecs (m pl) | ʃaṭarang (m) | شطرنج |
| joueur (m) d'échecs | lā'eb ʃaṭarang (m) | لاعب شطرنج |
| alpinisme (m) | tasalloq el gebāl (m) | تسلّق الجبال |
| alpiniste (m) | motasalleq el gebāl (m) | متسلّق الجبال |
| course (f) | garyī (m) | جري |

| | | |
|---|---|---|
| coureur (m) | 'addā' (m) | عدّاء |
| athlétisme (m) | al'āb el qowa (pl) | ألعاب القوى |
| athlète (m) | lā'eb reyāḍy (m) | لاعب رياضي |
| équitation (f) | reyāḍa el forūsiya (f) | رياضة الفروسيّة |
| cavalier (m) | fāres (m) | فارس |
| patinage (m) artistique | tazallog fanny 'alal galīd (m) | تزلّج فنّي على الجليد |
| patineur (m) | motazalleg rāqeṣ (m) | متزلّج راقص |
| patineuse (f) | motazallega rāqeṣa (f) | متزلّجة راقصة |
| haltérophilie (f) | raf' el asqāl (m) | رفع الأثقال |
| haltérophile (m) | rāfe' el asqāl (m) | رافع الأثقال |
| course (f) automobile | sebā' el sayarāt (m) | سباق السيارات |
| pilote (m) | sawwā' sebā' (m) | سائق سباق |
| cyclisme (m) | rokūb el darragāt (m) | ركوب الدرّاجات |
| cycliste (m) | lā'eb el darrāga (m) | لاعب الدرّاجة |
| sauts (m pl) en longueur | el qafz el 'āly (m) | القفز العالي |
| sauts (m pl) à la perche | el qafz bel 'aṣa (m) | القفز بالعصا |
| sauteur (m) | qāfez (m) | قافز |

## 114. Les types de sports. Divers

| | | |
|---|---|---|
| football (m) américain | koret el qadam (f) | كرة القدم |
| badminton (m) | el rīʃa (m) | الريشة |
| biathlon (m) | el biatlon (m) | البياتلون |
| billard (m) | bilyardo (m) | بلياردو |
| bobsleigh (m) | zalāga gama'iya (f) | زلاجة جماعية |
| bodybuilding (m) | body building (m) | بادي بيلدنج |
| water-polo (m) | koret el maya (f) | كرة الميّة |
| handball (m) | koret el yad (f) | كرة اليد |
| golf (m) | golf (m) | جولف |
| aviron (m) | tagdīf (m) | تجديف |
| plongée (f) | ɣoṣe (m) | غوص |
| course (f) à skis | reyāḍa el ski (f) | رياضة الإسكي |
| tennis (m) de table | koret el ṭawla (f) | كرة الطاولة |
| voile (f) | reyāḍa ebḥār el marākeb (f) | رياضة إبحارالمراكب |
| rallye (m) | sebā' el sayarāt (m) | سباق السيارات |
| rugby (m) | rugby (m) | رجبي |
| snowboard (m) | el tazallog 'lal galīd (m) | التزلّج على الجليد |
| tir (m) à l'arc | remāya (f) | رماية |

## 115. La salle de sport

| | | |
|---|---|---|
| barre (f) à disques | bār ḥadīd (m) | بار حديد |
| haltères (m pl) | dumbbells (m) | دمبلز |

| | | |
|---|---|---|
| appareil (m) d'entraînement | gehāz tadrīb (m) | جهاز تدريب |
| vélo (m) d'exercice | ʿagalet tadrīb (f) | عجلة تدريب |
| tapis (m) roulant | trīdmil (f) | تريد ميل |
| barre (f) fixe | ʿoʾla (f) | عقلة |
| barres (pl) parallèles | el motawaziyīn (pl) | المتوازيين |
| cheval (m) d'Arçons | manaṣṣet el qafz (f) | منصّة القفز |
| tapis (m) gymnastique | ḥaṣīra (f) | حصيرة |
| corde (f) à sauter | ḥabl el naṭṭ (m) | حبل النطّ |
| aérobic (m) | aerobiks (m) | ايروبيكس |
| yoga (m) | yoga (f) | يوجا |

## 116. Le sport. Divers

| | | |
|---|---|---|
| Jeux (m pl) olympiques | alʿāb olombiya (pl) | ألعاب أولمبيّة |
| gagnant (m) | fāʾez (m) | فائز |
| remporter (vt) | fāz | فاز |
| gagner (vi) | fāz | فاز |
| leader (m) | zaʿīm (m) | زعيم |
| prendre la tête | taʾaddam | تقدّم |
| première place (f) | el martaba el ūla (f) | المرتبة الأولى |
| deuxième place (f) | el martaba el tanya (f) | المرتبة الثانية |
| troisième place (f) | el martaba el talta (f) | المرتبة الثالثة |
| médaille (f) | medalya (f) | ميدالية |
| trophée (m) | kaʾs (f) | كأس |
| coupe (f) (trophée) | kaʾs (f) | كأس |
| prix (m) | gayza (f) | جائزة |
| prix (m) principal | akbar gayza (f) | أكبر جائزة |
| record (m) | raqam qeyāsy (m) | رقم قياسي |
| établir un record | fāz be raqam qeyāsy | فاز برقم قياسي |
| finale (f) | mobarāh nehaʾiya (f) | مباراة نهائيّة |
| final (adj) | nehāʾy | نهائي |
| champion (m) | baṭal (m) | بطل |
| championnat (m) | boṭūla (f) | بطولة |
| stade (m) | malʿab (m) | ملعب |
| tribune (f) | modarrag (m) | مدرّج |
| supporteur (m) | moʃaggeʿ (m) | مشجّع |
| adversaire (m) | ʿadeww (m) | عدوّ |
| départ (m) | χaṭṭ el bedāya (m) | خطّ البداية |
| ligne (f) d'arrivée | χaṭṭ el nehāya (m) | خطّ النهاية |
| défaite (f) | hazīma (f) | هزيمة |
| perdre (vi) | χeser | خسر |
| arbitre (m) | ḥakam (m) | حكم |
| jury (m) | hayʾet el ḥokm (f) | هيئة الحكم |

| | | |
|---|---|---|
| score (m) | natīga (f) | نتيجة |
| match (m) nul | ta'ādol (m) | تعادل |
| faire match nul | ta'ādal | تعادل |
| point (m) | no'ṭa (f) | نقطة |
| résultat (m) | natīga neha'iya (f) | نتيجة نهائية |
| | | |
| période (f) | ʃoṭe (m) | شوط |
| mi-temps (f) (pause) | beyn el ʃoṭeyn | بين الشوطين |
| dopage (m) | monasʃeṭāt (pl) | منشّطات |
| pénaliser (vt) | 'āqab | عاقب |
| disqualifier (vt) | ḥaram | حرم |
| | | |
| agrès (m) | adah (f) | أداة |
| lance (f) | remḥ (m) | رمح |
| poids (m) (boule de métal) | kora ma'daniya (f) | كرة معدنية |
| bille (f) (de billard, etc.) | kora (f) | كرة |
| | | |
| but (cible) | hadaf (m) | هدف |
| cible (~ en papier) | hadaf (m) | هدف |
| tirer (vi) | ḍarab bel nār | ضرب بالنار |
| précis (un tir ~) | maḍbūṭ | مضبوط |
| | | |
| entraîneur (m) | modarreb (m) | مدرّب |
| entraîner (vt) | darrab | درّب |
| s'entraîner (vp) | etdarrab | إتدرّب |
| entraînement (m) | tadrīb (m) | تدريب |
| | | |
| salle (f) de gym | gīm (m) | جيم |
| exercice (m) | tamrīn (m) | تمرين |
| échauffement (m) | tasχīn (m) | تسخين |

# L'éducation

## 117. L'éducation

| | | |
|---|---|---|
| école (f) | madrasa (f) | مدرسة |
| directeur (m) d'école | modīr el madrasa (m) | مدير المدرسة |
| élève (m) | talmīz (m) | تلميذ |
| élève (f) | telmīza (f) | تلميذة |
| écolier (m) | talmīz (m) | تلميذ |
| écolière (f) | telmīza (f) | تلميذة |
| enseigner (vt) | ʿallem | علّم |
| apprendre (~ l'arabe) | taʿallam | تعلّم |
| apprendre par cœur | ḥafaẓ | حفظ |
| apprendre (à faire qch) | taʿallam | تعلّم |
| être étudiant, -e | daras | درس |
| aller à l'école | rāḥ el madrasa | راح المدرسة |
| alphabet (m) | abgadiya (f) | أبجدية |
| matière (f) | madda (f) | مادّة |
| salle (f) de classe | faṣl (m) | فصل |
| leçon (f) | dars (m) | درس |
| récréation (f) | estrāḥa (f) | إستراحة |
| sonnerie (f) | garas el madrasa (m) | جرس المدرسة |
| pupitre (m) | disk el madrasa (m) | ديسك المدرسة |
| tableau (m) noir | sabbūra (f) | سبّورة |
| note (f) | daraga (f) | درجة |
| bonne note (f) | daraga kewayesa (f) | درجة كويسة |
| mauvaise note (f) | daraga meʃ kewayesa (f) | درجة مش كويسة |
| donner une note | edda daraga | إدّى درجة |
| faute (f) | χaṭaʾ (m) | خطأ |
| faire des fautes | aχṭaʾ | أخطأ |
| corriger (une erreur) | ṣaḥḥaḥ | صحّح |
| antisèche (f) | berʃām (m) | برشام |
| devoir (m) | wāgeb (m) | واجب |
| exercice (m) | tamrīn (m) | تمرين |
| être présent | ḥaḍar | حضر |
| être absent | ɣāb | غاب |
| manquer l'école | taɣeyyab ʿan el madrasa | تغيّب عن المدرسة |
| punir (vt) | ʿāqab | عاقب |
| punition (f) | ʿeqāb (m) | عقاب |
| conduite (f) | solūk (m) | سلوك |

| | | |
|---|---|---|
| carnet (m) de notes | el taqrīr el madrasy (m) | التقرير المدرسي |
| crayon (m) | 'alam roṣāṣ (m) | قلم رصاص |
| gomme (f) | astīka (f) | استيكة |
| craie (f) | ṭabaʃīr (m) | طباشير |
| plumier (m) | ma'lama (f) | مقلمة |
| cartable (m) | ʃanṭet el madrasa (f) | شنطة المدرسة |
| stylo (m) | 'alam (m) | قلم |
| cahier (m) | daftar (m) | دفتر |
| manuel (m) | ketāb ta'līm (m) | كتاب تعليم |
| compas (m) | bargal (m) | برجل |
| dessiner (~ un plan) | rasam rasm teqany | رسم رسم تقني |
| dessin (m) technique | rasm teqany (m) | رسم تقني |
| poésie (f) | 'aṣīda (f) | قصيدة |
| par cœur (adv) | 'an ẓahr qalb | عن ظهر قلب |
| apprendre par cœur | ḥafaẓ | حفظ |
| vacances (f pl) | agāza (f) | أجازة |
| être en vacances | 'ando agāza | عنده أجازة |
| passer les vacances | 'aḍa el agāza | قضى الأجازة |
| interrogation (f) écrite | emteḥān (m) | إمتحان |
| composition (f) | enʃā' (m) | إنشاء |
| dictée (f) | emlā' (m) | إملاء |
| examen (m) | emteḥān (m) | إمتحان |
| passer les examens | 'amal emteḥān | عمل إمتحان |
| expérience (f) (~ de chimie) | tagreba (f) | تجربة |

## 118. L'enseignement supérieur

| | | |
|---|---|---|
| académie (f) | akademiya (f) | أكاديميّة |
| université (f) | gam'a (f) | جامعة |
| faculté (f) | kolliya (f) | كلّيّة |
| étudiant (m) | ṭāleb (m) | طالب |
| étudiante (f) | ṭāleba (f) | طالبة |
| enseignant (m) | muḥāḍer (m) | محاضر |
| salle (f) | modarrag (m) | مدرّج |
| licencié (m) | motaχarreg (m) | متخرج |
| diplôme (m) | dibloma (f) | دبلومة |
| thèse (f) | resāla 'elmiya (f) | رسالة علميّة |
| étude (f) | derāsa (f) | دراسة |
| laboratoire (m) | moχtabar (m) | مختبر |
| cours (m) | moḥaḍra (f) | محاضرة |
| camarade (m) de cours | zamīl fel ṣaff (m) | زميل في الصفّ |
| bourse (f) | menḥa derāsiya (f) | منحة دراسيّة |
| grade (m) universitaire | daraga 'elmiya (f) | درجة علميّة |

## 119. Les disciplines scientifiques

| | | |
|---|---|---|
| mathématiques (f pl) | reyāḍīāt (pl) | رياضيّات |
| algèbre (f) | el gabr (m) | الجبر |
| géométrie (f) | handasa (f) | هندسة |
| astronomie (f) | ʿelm el falak (m) | علم الفلك |
| biologie (f) | al aḥyaʾ (m) | الأحياء |
| géographie (f) | goɣrafia (f) | جغرافيا |
| géologie (f) | ʒeoloʒia (f) | جيولوجيا |
| histoire (f) | tarīχ (m) | تاريخ |
| médecine (f) | ṭebb (m) | طبّ |
| pédagogie (f) | tarbeya (f) | تربية |
| droit (m) | qanūn (m) | قانون |
| physique (f) | fezyaʾ (f) | فيزياء |
| chimie (f) | kemyaʾ (f) | كيمياء |
| philosophie (f) | falsafa (f) | فلسفة |
| psychologie (f) | ʿelm el nafs (m) | علم النفس |

## 120. Le système d'écriture et l'orthographe

| | | |
|---|---|---|
| grammaire (f) | el naḥw wel ṣarf (m) | النحو والصرف |
| vocabulaire (m) | mofradāt el loɣa (pl) | مفردات اللغة |
| phonétique (f) | ṣawtīāt (pl) | صوتيات |
| nom (m) | esm (m) | اسم |
| adjectif (m) | ṣefa (f) | صفة |
| verbe (m) | feʿl (m) | فعل |
| adverbe (m) | ẓarf (m) | ظرف |
| pronom (m) | ḍamīr (m) | ضمير |
| interjection (f) | oslūb el taʿaggob (m) | أسلوب التعجّب |
| préposition (f) | ḥarf el garr (m) | حرف الجرّ |
| racine (f) | gezr el kelma (m) | جذر الكلمة |
| terminaison (f) | nehāya (f) | نهاية |
| préfixe (m) | sabaeqa (f) | سابقة |
| syllabe (f) | maqṭaʿ lafzy (m) | مقطع لفظي |
| suffixe (m) | lāḥeqa (f) | لاحقة |
| accent (m) tonique | nabra (f) | نبرة |
| apostrophe (f) | ʿalāmet ḥazf (f) | علامة حذف |
| point (m) | noʾṭa (f) | نقطة |
| virgule (f) | faṣla (f) | فاصلة |
| point (m) virgule | noʾṭa w faṣla (f) | نقطة وفاصلة |
| deux-points (m) | noʾṭeteyn (pl) | نقطتين |
| points (m pl) de suspension | talat noʾaṭ (pl) | ثلاث نقط |
| point (m) d'interrogation | ʿalāmet estefhām (f) | علامة إستفهام |
| point (m) d'exclamation | ʾalāmet taʿaggob (f) | علامة تعجّب |

| | | |
|---|---|---|
| guillemets (m pl) | ʻalamāt el eqtebās (pl) | علامات الإقتباس |
| entre guillemets | beyn ʻalamaty el eqtebās | بين علامتي الاقتباس |
| parenthèses (f pl) | qoseyn (du) | قوسين |
| entre parenthèses | beyn el qoseyn | بين القوسين |
| trait (m) d'union | ʻalāmet waṣl (f) | علامة وصل |
| tiret (m) | ʃorṭa (f) | شرطة |
| blanc (m) | farāɣ (m) | فراغ |
| lettre (f) | ḥarf (m) | حرف |
| majuscule (f) | ḥarf kebīr (m) | حرف كبير |
| voyelle (f) | ḥarf ṣauty (m) | حرف صوتي |
| consonne (f) | ḥarf sāken (m) | حرف ساكن |
| proposition (f) | gomla (f) | جملة |
| sujet (m) | fāʻel (m) | فاعل |
| prédicat (m) | mosnad (m) | مسند |
| ligne (f) | saṭr (m) | سطر |
| à la ligne | men bedāyet el saṭr | من بداية السطر |
| paragraphe (m) | faqra (f) | فقرة |
| mot (m) | kelma (f) | كلمة |
| groupe (m) de mots | magmūʻa men el kelamāt (pl) | مجموعة من الكلمات |
| expression (f) | moṣṭalaḥ (m) | مصطلح |
| synonyme (m) | morādef (m) | مرادف |
| antonyme (m) | motaḍād loɣawy (m) | متضاد لغوي |
| règle (f) | qaʻeda (f) | قاعدة |
| exception (f) | estesnāʼ (m) | إستثناء |
| correct (adj) | ṣaḥīḥ | صحيح |
| conjugaison (f) | ṣarf (m) | صرف |
| déclinaison (f) | taṣrīf el asmāʼ (m) | تصريف الأسماء |
| cas (m) | ḥāla esmiya (f) | حالة أسمية |
| question (f) | soʼāl (m) | سؤال |
| souligner (vt) | ḥaṭṭ χaṭṭ taḥt | حطّ خطّ تحت |
| pointillé (m) | χaṭṭ mena''aṭ (m) | خطّ منقّط |

## 121. Les langues étrangères

| | | |
|---|---|---|
| langue (f) | loɣa (f) | لغة |
| étranger (adj) | agnaby | أجنبيّ |
| langue (f) étrangère | loɣa agnabiya (f) | لغة أجنبية |
| étudier (vt) | daras | درس |
| apprendre (~ l'arabe) | taʻallam | تعلّم |
| lire (vi, vt) | ʼara | قرأ |
| parler (vi, vt) | kallem | كلّم |
| comprendre (vt) | fehem | فهم |
| écrire (vt) | katab | كتب |
| vite (adv) | bosorʻa | بسرعة |
| lentement (adv) | bo boṭʼ | ببطء |

| | | |
|---|---|---|
| couramment (adv) | beṭalāqa | بطلاقة |
| règles (f pl) | qawā'ed (pl) | قواعد |
| grammaire (f) | el naḥw wel ṣarf (m) | النحو والصرف |
| vocabulaire (m) | mofradāt el loɣa (pl) | مفردات اللغة |
| phonétique (f) | ṣawtīāt (pl) | صوتيات |
| | | |
| manuel (m) | ketāb ta'līm (m) | كتاب تعليم |
| dictionnaire (m) | qamūs (m) | قاموس |
| manuel (m) autodidacte | ketāb ta'līm zāty (m) | كتاب تعليم ذاتي |
| guide (m) de conversation | ketāb lel 'ebarāt el ʃā'e'a (m) | كتاب للعبارات الشائعة |
| | | |
| cassette (f) | kasett (m) | كاسيت |
| cassette (f) vidéo | ʃerī'ṭ video (m) | شريط فيديو |
| CD (m) | sidī (m) | سي دي |
| DVD (m) | dividī (m) | دي في دي |
| | | |
| alphabet (m) | abgadiya (f) | أبجدية |
| épeler (vt) | tahagga | تهجّى |
| prononciation (f) | noṭ' (m) | نطق |
| | | |
| accent (m) | lahga (f) | لهجة |
| avec un accent | be lahga | بـ لهجة |
| sans accent | men ɣeyr lahga | من غير لهجة |
| | | |
| mot (m) | kelma (f) | كلمة |
| sens (m) | ma'na (m) | معنى |
| | | |
| cours (m pl) | dawra (f) | دورة |
| s'inscrire (vp) | saggel esmo | سجّل إسمه |
| professeur (m) (~ d'anglais) | modarres (m) | مدرس |
| | | |
| traduction (f) (action) | targama (f) | ترجمة |
| traduction (f) (texte) | targama (f) | ترجمة |
| traducteur (m) | motargem (m) | مترجم |
| interprète (m) | motargem fawwry (m) | مترجم فوري |
| | | |
| polyglotte (m) | 'alīm be'eddet loɣāt (m) | عليم بعدّة لغات |
| mémoire (f) | zākera (f) | ذاكرة |

## 122. Les personnages de contes de fées

| | | |
|---|---|---|
| Père Noël (m) | baba neweyl (m) | بابا نويل |
| Cendrillon (f) | sindrīla | سيندريلا |
| sirène (f) | 'arūset el baḥr (f) | عروسة البحر |
| Neptune (m) | nibtūn (m) | نبتون |
| | | |
| magicien (m) | sāḥer (m) | ساحر |
| fée (f) | genniya (f) | جنّيّة |
| magique (adj) | seḥry | سحري |
| baguette (f) magique | el 'aṣāya el seḥriya (f) | العصاية السحرية |
| | | |
| conte (m) de fées | ḥekāya χayaliya (f) | حكاية خيالية |
| miracle (m) | mo'geza (f) | معجزة |
| gnome (m) | qazam (m) | قزم |

| | | |
|---|---|---|
| se transformer en ... | taḥawwal ela ... | تحوّل إلى... |
| esprit (m) (revenant) | ʃabaḥ (m) | شبح |
| fantôme (m) | ʃabaḥ (m) | شبح |
| monstre (m) | waḥʃ (m) | وحش |
| dragon (m) | tennīn (m) | تنّين |
| géant (m) | ʿemlāq (m) | عملاق |

## 123. Les signes du zodiaque

| | | |
|---|---|---|
| Bélier (m) | borg el ḥaml (m) | برج الحمل |
| Taureau (m) | borg el sore (m) | برج الثور |
| Gémeaux (m pl) | borg el gawzāʾ (m) | برج الجوزاء |
| Cancer (m) | borg el saraṭān (m) | برج السرطان |
| Lion (m) | borg el asad (m) | برج الأسد |
| Vierge (f) | borg el ʿazrāʾ (m) | برج العذراء |
| Balance (f) | borg el mezān (m) | برج الميزان |
| Scorpion (m) | borg el ʿaʾrab (m) | برج العقرب |
| Sagittaire (m) | borg el qose (m) | برج القوس |
| Capricorne (m) | borg el gady (m) | برج الجدي |
| Verseau (m) | borg el dalw (m) | برج الدلو |
| Poissons (m pl) | borg el ḥūt (m) | برج الحوت |
| caractère (m) | ʃaχṣiya (f) | شخصية |
| traits (m pl) du caractère | el ṣefāt el ʃaχṣiya (pl) | الصفات الشخصية |
| conduite (f) | solūk (m) | سلوك |
| dire la bonne aventure | ʾara el ṭāleʿ | قرأ الطالع |
| diseuse (f) de bonne aventure | ʿarrāfa (f) | عرّافة |
| horoscope (m) | tawaqqoʿāt el abrāg (pl) | توقّعات الأبراج |

# L'art

## 124. Le théâtre

| | | |
|---|---|---|
| théâtre (m) | masraḥ (m) | مسرح |
| opéra (m) | obra (f) | أوبرا |
| opérette (f) | obrette (f) | أوبريت |
| ballet (m) | baleyh (m) | باليه |
| affiche (f) | molṣaq (m) | ملصق |
| troupe (f) de théâtre | fer'a (f) | فرقة |
| tournée (f) | gawlet fananīn (f) | جولة فنّانين |
| être en tournée | tagawwal | تجوّل |
| répéter (vt) | ʻamal brova | عمل بروفة |
| répétition (f) | brova (f) | بروفة |
| répertoire (m) | barnāmeg el masraḥ (m) | برنامج المسرح |
| représentation (f) | adā' (m) | أداء |
| spectacle (m) | ʻarḍ masraḥy (m) | عرض مسرحي |
| pièce (f) de théâtre | masraḥiya (f) | مسرحيّة |
| billet (m) | tazkara (f) | تذكرة |
| billetterie (f pl) | ʃebbāk el tazāker (m) | شبّاك التذاكر |
| hall (m) | ṣāla (f) | صالة |
| vestiaire (m) | ɣorfet īdāʻ el maʻāṭef (f) | غرفة إيداع المعاطف |
| jeton (m) de vestiaire | beṭā'et edāʻ el maʻaṭef (f) | بطاقة إيداع المعاطف |
| jumelles (f pl) | naḍḍāra moʻaẕẕema lel obera (f) | نظارة معظمة للأوبرا |
| placeur (m) | ḥāgeb el sinema (m) | حاجب السينما |
| parterre (m) | karāsy el orkestra (pl) | كراسي الأوركسترا |
| balcon (m) | balakona (f) | بلكونة |
| premier (m) balcon | ʃorfa (f) | شرفة |
| loge (f) | log (m) | لوج |
| rang (m) | ṣaff (m) | صفّ |
| place (f) | meqʻad (m) | مقعد |
| public (m) | gomhūr (m) | جمهور |
| spectateur (m) | moʃāhed (m) | مشاهد |
| applaudir (vi) | ṣaffa' | صفّق |
| applaudissements (m pl) | taṣfī' (m) | تصفيق |
| ovation (f) | taṣfī' ḥār (m) | تصفيق حار |
| scène (f) (monter sur ~) | xaʃabet el masraḥ (f) | خشبة المسرح |
| rideau (m) | setāra (f) | ستارة |
| décor (m) | dekor (m) | ديكور |
| coulisses (f pl) | kawalīs (pl) | كواليس |
| scène (f) (la dernière ~) | maʃ-had (m) | مشهد |
| acte (m) | faṣl (m) | فصل |
| entracte (m) | estrāḥa (f) | استراحة |

## 125. Le cinéma

| | | |
|---|---|---|
| acteur (m) | momassel (m) | ممثّل |
| actrice (f) | momassela (f) | ممثّلة |
| cinéma (m) (industrie) | el aflām (m) | الأفلام |
| film (m) | film (m) | فيلم |
| épisode (m) | goz' (m) | جزء |
| film (m) policier | film bolīsy (m) | فيلم بوليسي |
| film (m) d'action | film akʃen (m) | فيلم أكشن |
| film (m) d'aventures | film moɣamarāt (m) | فيلم مغامرات |
| film (m) de science-fiction | film χayāl 'elmy (m) | فيلم خيال علمي |
| film (m) d'horreur | film ro'b (m) | فيلم رعب |
| comédie (f) | film komedia (f) | فيلم كوميديا |
| mélodrame (m) | melodrama (m) | ميلودراما |
| drame (m) | drama (f) | دراما |
| film (m) de fiction | film χayāly (m) | فيلم خيالي |
| documentaire (m) | film wasā'eqy (m) | فيلم وثائقي |
| dessin (m) animé | kartōn (m) | كرتون |
| cinéma (m) muet | sinema ṣāmeta (f) | سينما صامتة |
| rôle (m) | dore (m) | دور |
| rôle (m) principal | dore ra'īsy (m) | دور رئيسي |
| jouer (vt) | massel | مثّل |
| vedette (f) | negm senamā'y (m) | نجم سينمائي |
| connu (adj) | ma'rūf | معروف |
| célèbre (adj) | maʃ-hūr | مشهور |
| populaire (adj) | maḥbūb | محبوب |
| scénario (m) | senario (m) | سيناريو |
| scénariste (m) | kāteb senario (m) | كاتب سيناريو |
| metteur (m) en scène | moχreg (m) | مخرج |
| producteur (m) | monteg (m) | منتج |
| assistant (m) | mosā'ed (m) | مساعد |
| opérateur (m) | moṣawwer (m) | مصوّر |
| cascadeur (m) | mo'addy maʃāhed χaṭīra (m) | مؤدي مشاهد خطيرة |
| doublure (f) | momassel badīl (m) | ممثّل بديل |
| tourner un film | ṣawwar film | صوّر فيلم |
| audition (f) | tagreba adā' (f) | تجربة أداء |
| tournage (m) | taṣwīr (m) | تصوير |
| équipe (f) de tournage | ṭāqem el film (m) | طاقم الفيلم |
| plateau (m) de tournage | mante'et taṣwīr (f) | منطقة التصوير |
| caméra (f) | kamera (f) | كاميرا |
| cinéma (m) | sinema (f) | سينما |
| écran (m) | ʃāʃa (f) | شاشة |
| donner un film | 'araḍ film | عرض فيلم |
| piste (f) sonore | mosīqa taṣweriya (f) | موسيقى تصويرية |
| effets (m pl) spéciaux | mo'asserāt χāṣa (pl) | مؤثّرات خاصّة |

| | | |
|---|---|---|
| sous-titres (m pl) | targamet el ḥewār (f) | ترجمة الحوار |
| générique (m) | ʃāret el nehāya (f) | شارة النهاية |
| traduction (f) | targama (f) | ترجمة |

## 126. La peinture

| | | |
|---|---|---|
| art (m) | fann (m) | فنّ |
| beaux-arts (m pl) | fonūn gamīla (pl) | فنون جميلة |
| galerie (f) d'art | ma'raḍ fonūn (m) | معرض فنون |
| exposition (f) d'art | ma'raḍ fanny (m) | معرض فنّي |
| peinture (f) | lawḥa (f) | لوحة |
| graphique (f) | fann taṣwīry (m) | فن تصويري |
| art (m) abstrait | fann tagrīdy (m) | فنّ تجريدي |
| impressionnisme (m) | el enṭebā'iya (f) | الإنطباعيّة |
| tableau (m) | lawḥa (f) | لوحة |
| dessin (m) | rasm (m) | رسم |
| poster (m) | boster (m) | بوستر |
| illustration (f) | rasm tawḍīḥy (m) | رسم توضيحي |
| miniature (f) | ṣūra moṣagɣara (f) | صورة مصغّرة |
| copie (f) | nosҳa (f) | نسخة |
| reproduction (f) | nosҳa ṭeb' el aṣl (f) | نسخة طبق الأصل |
| mosaïque (f) | fosayfesā' (f) | فسيفساء |
| vitrail (m) | ʃebbāk 'ezāz mlawwen (m) | شبّاك قزاز ملوّن |
| fresque (f) | taṣwīr gaṣṣy (m) | تصوير جصي |
| gravure (f) | na'ʃ (m) | نقش |
| buste (m) | temsāl neṣfy (m) | تمثال نصفي |
| sculpture (f) | naḥt (m) | نحت |
| statue (f) | temsāl (m) | تمثال |
| plâtre (m) | gibss (m) | جيبس |
| en plâtre | men el gebs | من الجيبس |
| portrait (m) | bortreyh (m) | بورتريه |
| autoportrait (m) | bortreyh ʃaҳṣy (m) | بورتريه شخصي |
| paysage (m) | lawḥet manzar ṭabee'y (f) | لوحة منظر طبيعي |
| nature (f) morte | ṭabee'a ṣāmeta (f) | طبيعة صامتة |
| caricature (f) | ṣūra karikatoriya (f) | صورة كاريكاتورية |
| croquis (m) | rasm tamhīdy (m) | رسم تمهيدي |
| peinture (f) | lone (m) | لون |
| aquarelle (f) | alwān maya (m) | ألوان ميّة |
| huile (f) | zeyt (m) | زيت |
| crayon (m) | 'alam roṣāṣ (m) | قلم رصاص |
| encre (f) de Chine | ḥebr hendy (m) | حبر هندي |
| fusain (m) | faḥm (m) | فحم |
| dessiner (vi, vt) | rasam | رسم |
| peindre (vi, vt) | rasam | رسم |
| poser (vi) | 'a'ad | قعد |
| modèle (m) | modeyl ḥayī amām el rassām (m) | موديل حيّ أمام الرسّام |

| | | |
|---|---|---|
| modèle (f) | modeyl ḥayī amām el rassām (m) | موديل حيّ أمام الرسّام |
| peintre (m) | rassām (m) | رسّام |
| œuvre (f) d'art | 'amal fanny (m) | عمل فنّي |
| chef (m) d'œuvre | toḥfa faniya (f) | تحفة فنية |
| atelier (m) d'artiste | warʃa (f) | ورشة |
| toile (f) | kanava (f) | كانفا |
| chevalet (m) | masnad el loḥe (m) | مسند اللوح |
| palette (f) | lawḥet el alwān (f) | لوحة الألوان |
| encadrement (m) | eṭār (m) | إطار |
| restauration (f) | tarmīm (m) | ترميم |
| restaurer (vt) | rammem | رمّم |

## 127. La littérature et la poésie

| | | |
|---|---|---|
| littérature (f) | adab (m) | أدب |
| auteur (m) (écrivain) | mo'allef (m) | مؤلّف |
| pseudonyme (m) | esm mosta'ār (m) | اسم مستعار |
| livre (m) | ketāb (m) | كتاب |
| volume (m) | mogallad (m) | مجلّد |
| table (f) des matières | gadwal el moḥtawayāt (m) | جدوّل المحتويات |
| page (f) | ṣafḥa (f) | صفحة |
| protagoniste (m) | el ʃaxṣiya el ra'esiya (f) | الشخصية الرئيسية |
| autographe (m) | tawqee' el mo'allef (m) | توقيع المؤلّف |
| récit (m) | qeṣṣa 'aṣīra (f) | قصّة قصيرة |
| nouvelle (f) | 'oṣṣa (f) | قصّة |
| roman (m) | rewāya (f) | رواية |
| œuvre (f) littéraire | mo'allef (m) | مؤلّف |
| fable (f) | ḥekāya (f) | حكاية |
| roman (m) policier | rewāya bolesiya (f) | رواية بوليسية |
| vers (m) | 'aṣīda (f) | قصيدة |
| poésie (f) | ʃe'r (m) | شعر |
| poème (m) | 'aṣīda (f) | قصيدة |
| poète (m) | ʃā'er (m) | شاعر |
| belles-lettres (f pl) | xayāl (m) | خيال |
| science-fiction (f) | xayāl 'elmy (m) | خيال علمي |
| aventures (f pl) | adab el moɣamrāt (m) | أدب المغامرات |
| littérature (f) didactique | adab tarbawy (m) | أدب تربوّي |
| littérature (f) pour enfants | adab el aṭfāl (m) | أدب الأطفال |

## 128. Le cirque

| | | |
|---|---|---|
| cirque (m) | serk (m) | سيرك |
| chapiteau (m) | serk motana''el (m) | سيرك متنقّل |
| programme (m) | barnāmeg (m) | برنامج |
| représentation (f) | adā' (m) | أداء |

| | | |
|---|---|---|
| numéro (m) | ʿarḍ (m) | عرض |
| arène (f) | ḥalabet el serk (f) | حلبة السيرك |
| pantomime (f) | momassel īmāʾy (m) | ممثّل إيمائي |
| clown (m) | aragoze (m) | أراجوز |
| acrobate (m) | bahlawān (m) | بهلوان |
| acrobatie (f) | alʿab bahlawaniya (f) | ألعاب بهلوانية |
| gymnaste (m) | lāʿeb gombāz (m) | لاعب جمباز |
| gymnastique (f) | gombāz (m) | جمباز |
| salto (m) | ḥarakāt ʃaʾlaba (pl) | حركات شقلبة |
| hercule (m) | el ragl el qawy (m) | الرجل القوي |
| dompteur (m) | morawweḍ (m) | مروّض |
| écuyer (m) | fāres (m) | فارس |
| assistant (m) | mosāʿed (m) | مساعد |
| truc (m) | ḥeyla (f) | حيلة |
| tour (m) de passe-passe | χedʿa seḥriya (f) | خدعة سحرية |
| magicien (m) | sāḥer (m) | ساحر |
| jongleur (m) | bahlawān (m) | بهلوان |
| jongler (vi) | leʿeb be korāt ʿadīda | لعب بكرات عديدة |
| dresseur (m) | modarreb ḥayawanāt (m) | مدرّب حيوانات |
| dressage (m) | tadrīb el ḥayawanāt (m) | تدريب الحيوانات |
| dresser (vt) | darrab | درّب |

## 129. La musique

| | | |
|---|---|---|
| musique (f) | mosīqa (f) | موسيقى |
| musicien (m) | ʿāzef (m) | عازف |
| instrument (m) de musique | ʾāla moseqiya (f) | آلة موسيقيّة |
| jouer de ... | ʿazaf ... | عزف... |
| guitare (f) | guitar (m) | جيتار |
| violon (m) | kamān (m) | كمان |
| violoncelle (m) | el tʃello (m) | التشيلو |
| contrebasse (f) | kamān kebīr (m) | كمان كبير |
| harpe (f) | qesār (m) | قيثار |
| piano (m) | biano (m) | بيانو |
| piano (m) à queue | biano kebīr (m) | بيانو كبير |
| orgue (m) | arɣan (m) | أرغن |
| instruments (m pl) à vent | ʾālāt el nafχ (pl) | آلات النفخ |
| hautbois (m) | mezmār (m) | مزمار |
| saxophone (m) | saksofon (m) | ساكسوفون |
| clarinette (f) | klarinet (m) | كلارنيت |
| flûte (f) | flute (m) | فلوت |
| trompette (f) | būʾ (m) | بوق |
| accordéon (m) | okordiōn (m) | أكورديون |
| tambour (m) | ṭabla (f) | طبلة |
| duo (m) | sonāʾy (m) | ثنائي |

| | | |
|---|---|---|
| trio (m) | solāsy (m) | ثلاثي |
| quartette (m) | robāʿy (m) | رباعي |
| chœur (m) | korale (m) | كورال |
| orchestre (m) | orkestra (f) | أوركسترا |
| musique (f) pop | mosīqa el bob (f) | موسيقى البوب |
| musique (f) rock | mosīqa el rok (f) | موسيقى الروك |
| groupe (m) de rock | ferʾet el rokk (f) | فرقة الروك |
| jazz (m) | ʒāzz (m) | جاز |
| idole (f) | maʿbūd (m) | معبود |
| admirateur (m) | moʿgab (m) | معجب |
| concert (m) | ḥafla mūsiqiya (f) | حفلة موسيقيّة |
| symphonie (f) | semfoniya (f) | سمفونيّة |
| œuvre (f) musicale | ʾeṭʿa mosiqiya (f) | قطعة موسيقيّة |
| composer (vt) | allaf | ألّف |
| chant (m) (~ d'oiseau) | ɣenāʾ (m) | غناء |
| chanson (f) | oɣniya (f) | أغنيّة |
| mélodie (f) | laḥn (m) | لحن |
| rythme (m) | eqāʿ (m) | إيقاع |
| blues (m) | mosīqa el blues (f) | موسيقى البلوز |
| notes (f pl) | notāt (pl) | نوتات |
| baguette (f) | ʿaṣa el maystro (m) | عصا المايسترو |
| archet (m) | qose (m) | قوس |
| corde (f) | watar (m) | وتر |
| étui (m) | ʃanṭa (f) | شنطة |

# Les loisirs. Les voyages

## 130. Les voyages. Les excursions

| | | |
|---|---|---|
| tourisme (m) | seyāḥa (f) | سياحة |
| touriste (m) | sā'eḥ (m) | سائح |
| voyage (m) (à l'étranger) | reḥla (f) | رحلة |
| aventure (f) | moɣamra (f) | مغامرة |
| voyage (m) | reḥla (f) | رحلة |
| vacances (f pl) | agāza (f) | أجازة |
| être en vacances | kān fi agāza | كان في أجازة |
| repos (m) (jours de ~) | estrāḥa (f) | إستراحة |
| train (m) | qeṭār, 'aṭṭr (m) | قطار |
| en train | bel qeṭār - bel aṭṭr | بالقطار |
| avion (m) | ṭayāra (f) | طيّارة |
| en avion | bel ṭayāra | بالطيّارة |
| en voiture | bel sayāra | بالسيّارة |
| en bateau | bel safīna | بالسفينة |
| bagage (m) | el ʃonaṭ (pl) | الشنط |
| malle (f) | ʃanṭa (f) | شنطة |
| chariot (m) | 'arabet ʃonaṭ (f) | عربة شنط |
| passeport (m) | basbore (m) | باسبور |
| visa (m) | ta'ʃīra (f) | تأشيرة |
| ticket (m) | tazkara (f) | تذكرة |
| billet (m) d'avion | tazkara ṭayarān (f) | تذكرة طيران |
| guide (m) (livre) | dalīl (m) | دليل |
| carte (f) | ɣarīṭa (f) | خريطة |
| région (f) (~ rurale) | mante'a (f) | منطقة |
| endroit (m) | makān (m) | مكان |
| exotisme (m) | ɣarāba (f) | غرابة |
| exotique (adj) | ɣarīb | غريب |
| étonnant (adj) | mod-heʃ | مدهش |
| groupe (m) | magmū'a (f) | مجموعة |
| excursion (f) | gawla (f) | جولة |
| guide (m) (personne) | morʃed (m) | مرشد |

## 131. L'hôtel

| | | |
|---|---|---|
| hôtel (m) | fondo' (m) | فندق |
| motel (m) | motel (m) | موتيل |
| 3 étoiles | talat nogūm | ثلاث نجوم |

| | | |
|---|---|---|
| 5 étoiles | χamas nogūm | خمس نجوم |
| descendre (à l'hôtel) | nezel | نزل |
| chambre (f) | oḍa (f) | أوضة |
| chambre (f) simple | owḍa le ʃaχṣ wāḥed (f) | أوضة لشخص واحد |
| chambre (f) double | oḍa le ʃaχṣeyn (f) | أوضة لشخصين |
| réserver une chambre | ḥagaz owḍa | حجز أوضة |
| demi-pension (f) | wagbeteyn fel yome (du) | وجبتين في اليوم |
| pension (f) complète | talat wagabāt fel yome | ثلاث وجبات في اليوم |
| avec une salle de bain | bel banyo | بـ البانيو |
| avec une douche | bel doʃ | بالدوش |
| télévision (f) par satellite | televizion be qanawāt faḍā'iya (m) | تليفزيون بقنوات فضائية |
| climatiseur (m) | takyīf (m) | تكييف |
| serviette (f) | fūṭa (f) | فوطة |
| clé (f) | meftāḥ (m) | مفتاح |
| administrateur (m) | modīr (m) | مدير |
| femme (f) de chambre | ʿāmela tanḍīf γoraf (f) | عاملة تنظيف غرف |
| porteur (m) | ʃayāl (m) | شيّال |
| portier (m) | bawwāb (m) | بوّاب |
| restaurant (m) | maṭʿam (m) | مطعم |
| bar (m) | bār (m) | بار |
| petit déjeuner (m) | foṭūr (m) | فطور |
| dîner (m) | ʿaʃā' (m) | عشاء |
| buffet (m) | bofeyh (m) | بوفيه |
| hall (m) | rad-ha (f) | ردهة |
| ascenseur (m) | asanseyr (m) | اسانسير |
| PRIÈRE DE NE PAS DÉRANGER | nargu ʿadam el ezʿāg | نرجو عدم الإزعاج |
| DÉFENSE DE FUMER | mamnūʿ el tadχīn | ممنوع التدخين |

## 132. Le livre. La lecture

| | | |
|---|---|---|
| livre (m) | ketāb (m) | كتاب |
| auteur (m) | mo'allef (m) | مؤلّف |
| écrivain (m) | kāteb (m) | كاتب |
| écrire (~ un livre) | allaf | ألّف |
| lecteur (m) | qāre' (m) | قارئ |
| lire (vi, vt) | 'ara | قرأ |
| lecture (f) | qerā'a (f) | قراءة |
| à part soi | beṣamt | بصمت |
| à haute voix | beṣote ʿāly | بصوت عالي |
| éditer (vt) | naʃar | نشر |
| édition (f) (~ des livres) | naʃr (m) | نشر |
| éditeur (m) | nāʃer (m) | ناشر |

| | | |
|---|---|---|
| maison (f) d'édition | dar el ṭebāʿa wel naʃr (f) | دار الطباعة والنشر |
| paraître (livre) | ṣadar | صدر |
| sortie (f) (~ d'un livre) | ṣodūr (m) | صدور |
| tirage (m) | ʿadad el nosaχ (m) | عدد النسخ |
| librairie (f) | maḥal kotob (m) | محل كتب |
| bibliothèque (f) | maktaba (f) | مكتبة |
| nouvelle (f) | ʾoṣṣa (f) | قصّة |
| récit (m) | qeṣṣa ʾaṣīra (f) | قصّة قصيرة |
| roman (m) | rewāya (f) | رواية |
| roman (m) policier | rewāya bolesiya (f) | رواية بوليسية |
| mémoires (m pl) | mozakkerāt (pl) | مذكّرات |
| légende (f) | osṭūra (f) | أسطورة |
| mythe (m) | χorāfa (f) | خرافة |
| vers (m pl) | ʃeʿr (m) | شعر |
| autobiographie (f) | sīret ḥayah (f) | سيرة حياة |
| les œuvres choisies | muχtarāt (pl) | مختارات |
| science-fiction (f) | χayāl ʿelmy (m) | خيال علمي |
| titre (m) | ʿenwān (m) | عنوان |
| introduction (f) | moqaddema (f) | مقدّمة |
| page (f) de titre | ṣafḥet ʿenwān (f) | صفحة العنوان |
| chapitre (m) | faṣl (m) | فصل |
| extrait (m) | χolāṣa (f) | خلاصة |
| épisode (m) | maʃ-had (m) | مشهد |
| sujet (m) | ḥabka (f) | حبّكة |
| sommaire (m) | moḥtawayāt (pl) | محتويات |
| table (f) des matières | gadwal el moḥtawayāt (m) | جدوّل المحتويات |
| protagoniste (m) | el ʃaχṣiya el raʾesiya (f) | الشخصية الرئيسية |
| volume (m) | mogallad (m) | مجلّد |
| couverture (f) | ɣelāf (m) | غلاف |
| reliure (f) | taglīd (m) | تجليد |
| marque-page (m) | ʃerīʾṭ (m) | شريط |
| page (f) | ṣafḥa (f) | صفحة |
| feuilleter (vt) | ʾalleb el ṣafaḥāt | قلّب الصفحات |
| marges (f pl) | hāmeʃ (m) | هامش |
| annotation (f) | molaḥza (f) | ملاحظة |
| note (f) de bas de page | molaḥza (f) | ملاحظة |
| texte (m) | noṣṣ (m) | نصّ |
| police (f) | nūʿ el χaṭṭ (m) | نوع الخطّ |
| faute (f) d'impression | χaṭaʾ maṭbaʿy (m) | خطأ مطبعيّ |
| traduction (f) | targama (f) | ترجمة |
| traduire (vt) | targem | ترجم |
| original (m) | aṣliya (f) | أصلية |
| célèbre (adj) | maʃ-hūr | مشهور |
| inconnu (adj) | meʃ maʿrūf | مش معروف |

| | | |
|---|---|---|
| intéressant (adj) | moʃawweq | مشوّق |
| best-seller (m) | aktar mabee'an (m) | أكثر مبيعاً |
| dictionnaire (m) | qamūs (m) | قاموس |
| manuel (m) | ketāb ta'līm (m) | كتاب تعليم |
| encyclopédie (f) | ensayklopedia (f) | إنسيكلوبيديا |

## 133. La chasse. La péche

| | | |
|---|---|---|
| chasse (f) | ṣeyd (m) | صيد |
| chasser (vi, vt) | eṣṭād | إصطاد |
| chasseur (m) | ṣayād (m) | صيّاد |
| tirer (vi) | ḍarab bel nār | ضرب بالنار |
| fusil (m) | bondoqiya (f) | بندقيّة |
| cartouche (f) | roṣāṣa (f) | رصاصة |
| grains (m pl) de plomb | 'eyār (m) | عيار |
| piège (m) à mâchoires | maṣyada (f) | مصيّدة |
| piège (m) | fakχ (m) | فخّ |
| être pris dans un piège | we'e' fe fakχ | وقع في فخّ |
| mettre un piège | naṣb fakχ | نصب فخّ |
| braconnier (m) | sāre' el ṣeyd (m) | سارق الصيد |
| gibier (m) | ṣeyd (m) | صيد |
| chien (m) de chasse | kalb ṣeyd (m) | كلب صيد |
| safari (m) | safāry (m) | سفاري |
| animal (m) empaillé | ḥayawān moḥannaṭ (m) | حيوان محنّط |
| pêcheur (m) | ṣayād el samak (m) | صيّاد السمك |
| pêche (f) | ṣeyd el samak (m) | صيد السمك |
| pêcher (vi) | eṣṭād samak | إصطاد سمك |
| canne (f) à pêche | ṣennāra (f) | صنّارة |
| ligne (f) de pêche | χeyṭ (m) | خيط |
| hameçon (m) | ʃaṣ el garīma (m) | شص الصيد |
| flotteur (m) | 'awwāma (f) | عوّامة |
| amorce (f) | ṭa'm (m) | طعم |
| lancer la ligne | ṭaraḥ el ṣennāra | طرح الصنّارة |
| mordre (vt) | 'aḍḍ | عضّ |
| pêche (f) (poisson capturé) | el samak el moṣṭād (m) | السمك المصطاد |
| trou (m) dans la glace | fat-ḥa fel galīd (f) | فتحة في الجليد |
| filet (m) | ʃabaket el ṣeyd (f) | شبكة الصيد |
| barque (f) | markeb (m) | مركب |
| pêcher au filet | eṣṭād bel ʃabaka | إصطاد بالشبكة |
| jeter un filet | rama ʃabaka | رمى شبكة |
| retirer le filet | aχrag ʃabaka | أخرج شبكة |
| tomber dans le filet | we'e' fe ʃabaka | وقع في شبكة |
| baleinier (m) | ṣayād el ḥūt (m) | صيّاد الحوت |
| baleinière (f) | safīna ṣeyd ḥitān (f) | سفينة صيد الحيتان |
| harpon (m) | ḥerba (f) | حربة |

## 134. Les jeux. Le billard

| | | |
|---|---|---|
| billard (m) | bilyardo (m) | بلياردو |
| salle (f) de billard | qā'a bilyardo (m) | قاعة بلياردو |
| bille (f) de billard | kora (f) | كرة |
| empocher une bille | dakχal kora | دخّل كرة |
| queue (f) | 'aṣāyet bilyardo (f) | عصاية بلياردو |
| poche (f) | geyb bilyardo (m) | جيب بلياردو |

## 135. Les jeux de cartes

| | | |
|---|---|---|
| carreau (m) | el dinary (m) | الديناري |
| pique (m) | el bastūny (m) | البستوني |
| cœur (m) | el koba (f) | الكوبة |
| trèfle (m) | el sebāty (m) | السباتي |
| as (m) | 'āss (m) | آس |
| roi (m) | malek (m) | ملك |
| dame (f) | maleka (f) | ملكة |
| valet (m) | walad (m) | ولد |
| carte (f) | wara'a (f) | ورقة |
| jeu (m) de cartes | wara' (m) | ورق |
| atout (m) | wara'a rābeḥa (f) | ورقة رابحة |
| paquet (m) de cartes | desta wara' 'enab (f) | دستة ورق اللعب |
| point (m) | nu'ṭa (f) | نقطة |
| distribuer (les cartes) | farra' | فرّق |
| battre les cartes | χalaṭ | خلط |
| tour (m) de jouer | dore (m) | دور |
| tricheur (m) | moḥtāl fel 'omār (m) | محتال في القمار |

## 136. Les loisirs. Les jeux

| | | |
|---|---|---|
| se promener (vp) | tamasʃa | تمشّي |
| promenade (f) | tamʃeya (f) | تمشيّة |
| promenade (f) (en voiture) | gawla bel sayāra (f) | جولة بالسيّارة |
| aventure (f) | moɣamra (f) | مغامرة |
| pique-nique (m) | nozha (f) | نزهة |
| jeu (m) | le'ba (f) | لعبة |
| joueur (m) | lā'eb (m) | لاعب |
| partie (f) (~ de cartes, etc.) | dore (m) | دور |
| collectionneur (m) | gāme' (m) | جامع |
| collectionner (vt) | gamma' | جمّع |
| collection (f) | magmū'a (f) | مجموعة |
| mots (m pl) croisés | kalemāt motaqaṭ'a (pl) | كلمات متقاطعة |
| hippodrome (m) | ḥalabet el sebā' (f) | حلبة السباق |

| | | |
|---|---|---|
| discothèque (f) | disko (m) | ديسكو |
| sauna (m) | sauna (f) | ساونا |
| loterie (f) | yanaṣīb (m) | يانصيب |
| trekking (m) | reḥlet taχyīm (f) | رحلة تخييم |
| camp (m) | moχayam (m) | مخيّم |
| tente (f) | χeyma (f) | خيمة |
| boussole (f) | boṣla (f) | بوصلة |
| campeur (m) | moχayam (m) | مخيّم |
| regarder (la télé) | ʃāhed | شاهد |
| téléspectateur (m) | moʃāhed (m) | مشاهد |
| émission (f) de télé | barnāmeg televiziony (m) | برنامج تليفزيوني |

## 137. La photographie

| | | |
|---|---|---|
| appareil (m) photo | kamera (f) | كاميرا |
| photo (f) | ṣūra (f) | صورة |
| photographe (m) | moṣawwer (m) | مصوّر |
| studio (m) de photo | estudio taṣwīr (m) | إستوديو تصوير |
| album (m) de photos | albūm el ṣewar (m) | ألبوم الصور |
| objectif (m) | ʿadaset kamera (f) | عدسة الكاميرا |
| téléobjectif (m) | ʿadasa teleskopiya (f) | عدسة تلسكوبيّة |
| filtre (m) | filter (m) | فلتر |
| lentille (f) | ʿadasa (f) | عدسة |
| optique (f) | baṣrīāt (pl) | بصريات |
| diaphragme (m) | saddāda (f) | سدّادة |
| temps (m) de pose | moddet el taʿarroḍ (f) | مدّة التعرض |
| viseur (m) | el ʿeyn el faḥeṣa (f) | العين الفاحصة |
| appareil (m) photo numérique | kamera diʒital (f) | كاميرا ديجيتال |
| trépied (m) | tribod (m) | ترايبود |
| flash (m) | flāʃ (m) | فلاش |
| photographier (vt) | ṣawwar | صوّر |
| prendre en photo | ṣawwar | صوّر |
| se faire prendre en photo | etṣawwar | إتصوّر |
| mise (f) au point | tarkīz (m) | تركيز |
| mettre au point | rakkez | ركّز |
| net (adj) | ḥādda | حادّة |
| netteté (f) | ḥedda (m) | حدّة |
| contraste (m) | tabāyon (m) | تباين |
| contrasté (adj) | motabāyen | متباين |
| épreuve (f) | ṣūra (f) | صورة |
| négatif (m) | el nosχa el salba (f) | النسخة السالبة |
| pellicule (f) | film (m) | فيلم |
| image (f) | eṭār (m) | إطار |
| tirer (des photos) | ṭabaʿ | طبع |

## 138. La plage. La baignade

| | | |
|---|---|---|
| plage (f) | ʃāṭe' (m) | شاطئ |
| sable (m) | raml (m) | رمل |
| désert (plage ~e) | mahgūr | مهجور |
| bronzage (m) | esmerār el baʃra (m) | إسمرار البشرة |
| se bronzer (vp) | etʃammes | إتشمّس |
| bronzé (adj) | asmar | أسمر |
| crème (f) solaire | krīm wāqy men el ʃams (m) | كريم واقي من الشمس |
| bikini (m) | bikini (m) | بكيني |
| maillot (m) de bain | mayo (m) | مايّوه |
| slip (m) de bain | mayo regāly (m) | مايّوه رجالي |
| piscine (f) | ḥammām sebāḥa (m) | حمّام سباحة |
| nager (vi) | 'ām, sabaḥ | عام, سبح |
| douche (f) | doʃ (m) | دوش |
| se changer (vp) | ɣayar lebso | غيّر لبسه |
| serviette (f) | fūṭa (f) | فوطة |
| barque (f) | markeb (m) | مركب |
| canot (m) à moteur | lunʃ (m) | لنش |
| ski (m) nautique | tazallog 'alal mā' (m) | تزلّج على الماء |
| pédalo (m) | el baddāl (m) | البدّال |
| surf (m) | surfing (m) | سيرفينج |
| surfeur (m) | rākeb el amwāg (m) | راكب الأمواج |
| scaphandre (m) autonome | gehāz el tanaffos (m) | جهاز التنفّس |
| palmes (f pl) | za'ānef el sebāḥa (pl) | زعانف السباحة |
| masque (m) | kamāma (f) | كمامة |
| plongeur (m) | ɣawwāṣ (m) | غوّاص |
| plonger (vi) | ɣāṣ | غاص |
| sous l'eau (adv) | taḥt el maya | تحت المايّة |
| parasol (m) | ʃamsiya (f) | شمسيّة |
| chaise (f) longue | korsy blāʒ (m) | كرسي بلاج |
| lunettes (f pl) de soleil | naḍḍāret ʃams (f) | نضّارة شمس |
| matelas (m) pneumatique | martaba hawa'iya (f) | مرتبة هوائية |
| jouer (s'amuser) | le'eb | لعب |
| se baigner (vp) | sebeḥ | سبح |
| ballon (m) de plage | koret ʃaṭṭ (f) | كرة شطّ |
| gonfler (vt) | nafaχ | نفخ |
| gonflable (adj) | qābel lel nafχ | قابل للنفخ |
| vague (f) | mouga (f) | موجة |
| bouée (f) | ʃamandūra (f) | شمندورة |
| se noyer (vp) | ɣere' | غرق |
| sauver (vt) | anqaz | أنقذ |
| gilet (m) de sauvetage | sotret nagah (f) | سترة نجاة |
| observer (vt) | rāqab | راقب |
| maître nageur (m) | ḥāres ʃāṭe' (m) | حارس شاطئ |

# LE MATÉRIEL TECHNIQUE. LES TRANSPORTS

## Le matériel technique

### 139. L'informatique

| | | |
|---|---|---|
| ordinateur (m) | kombuter (m) | كمبيوتر |
| PC (m) portable | lab tob (m) | لابتوب |
| allumer (vt) | fataḥ, ʃagɣal | فتح, شغّل |
| éteindre (vt) | ṭaffa | طفّى |
| clavier (m) | lawḥet el mafatīḥ (f) | لوحة المفاتيح |
| touche (f) | meftāḥ (m) | مفتاح |
| souris (f) | maws (m) | ماوس |
| tapis (m) de souris | maws bād (m) | ماوس باد |
| bouton (m) | zerr (m) | زرّ |
| curseur (m) | mo'asʃer (m) | مؤشّر |
| moniteur (m) | ʃāʃa (f) | شاشة |
| écran (m) | ʃāʃa (f) | شاشة |
| disque (m) dur | hard disk (m) | هارد ديسك |
| capacité (f) du disque dur | se'et el hard disk (f) | سعة الهارد ديسك |
| mémoire (f) | zākera (f) | ذاكرة |
| mémoire (f) vive | zākerat el woṣūl el 'aʃwā'y (f) | ذاكرة الوصول العشوائي |
| fichier (m) | malaff (m) | ملفّ |
| dossier (m) | ḥāfeza (m) | حافظة |
| ouvrir (vt) | fataḥ | فتح |
| fermer (vt) | 'afal | قفل |
| sauvegarder (vt) | ḥafaẓ | حفظ |
| supprimer (vt) | masaḥ | مسح |
| copier (vt) | nasaχ | نسخ |
| trier (vt) | ṣannaf | صنّف |
| copier (vt) | na'al | نقل |
| programme (m) | barnāmeg (m) | برنامج |
| logiciel (m) | barmagīāt (pl) | برمجيّات |
| programmeur (m) | mobarmeg (m) | مبرمج |
| programmer (vt) | barmag | برمج |
| hacker (m) | haker (m) | هاكر |
| mot (m) de passe | kelmet el serr (f) | كلمة السرّ |
| virus (m) | virūs (m) | فيروس |
| découvrir (détecter) | la'a | لقى |
| bit (m) | byte (m) | بايت |

| | | |
|---|---|---|
| mégabit (m) | megabayt (m) | ميجا بايت |
| données (f pl) | bayanāt (pl) | بيانات |
| base (f) de données | qa'edet bayanāt (f) | قاعدة بيانات |
| câble (m) | kabl (m) | كابل |
| déconnecter (vt) | faṣal | فصل |
| connecter (vt) | waṣṣal | وصّل |

## 140. L'Internet. Le courrier électronique

| | | |
|---|---|---|
| Internet (m) | internet (m) | إنترنت |
| navigateur (m) | motaṣaffeḥ (m) | متصفّح |
| moteur (m) de recherche | moḥarrek baḥs (m) | محرك بحث |
| fournisseur (m) d'accès | ʃerket el internet (f) | شركة الإنترنت |
| administrateur (m) de site | modīr el mawqe' (m) | مدير الموقع |
| site (m) web | mawqe' elektrony (m) | موقع الكتروني |
| page (f) web | ṣafḥet web (f) | صفحة ويب |
| adresse (f) | 'enwān (m) | عنوان |
| carnet (m) d'adresses | daftar el 'anawīn (m) | دفتر العناوين |
| boîte (f) de réception | ṣandū' el barīd (m) | صندوق البريد |
| courrier (m) | barīd (m) | بريد |
| pleine (adj) | mumtali' | ممتلىء |
| message (m) | resāla (f) | رسالة |
| messages (pl) entrants | rasa'el wārda (pl) | رسائل واردة |
| messages (pl) sortants | rasa'el ṣādra (pl) | رسائل صادرة |
| expéditeur (m) | morsel (m) | مرسل |
| envoyer (vt) | arsal | أرسل |
| envoi (m) | ersāl (m) | إرسال |
| destinataire (m) | morsel elayh (m) | مرسل إليه |
| recevoir (vt) | estalam | إستلم |
| correspondance (f) | morasla (f) | مراسلة |
| être en correspondance | tarāsal | تراسل |
| fichier (m) | malaff (m) | ملفّ |
| télécharger (vt) | ḥammel | حمّل |
| créer (vt) | 'amal | عمل |
| supprimer (vt) | masaḥ | مسح |
| supprimé (adj) | mamsūḥ | ممسوح |
| connexion (f) (ADSL, etc.) | etteṣāl (m) | إتّصال |
| vitesse (f) | sor'a (f) | سرعة |
| modem (m) | modem (m) | مودم |
| accès (m) | woṣūl (m) | وصول |
| port (m) | maχrag (m) | مخرج |
| connexion (f) (établir la ~) | etteṣāl (m) | إتّصال |
| se connecter à ... | yuwṣel | يوصل |
| sélectionner (vt) | eχtār | إختار |
| rechercher (vt) | baḥs | بحث |

# Les transports

## 141. L'avion

| | | |
|---|---|---|
| avion (m) | ṭayāra (f) | طيّارة |
| billet (m) d'avion | tazkara ṭayarān (f) | تذكرة طيران |
| compagnie (f) aérienne | ʃerket ṭayarān (f) | شركة طيران |
| aéroport (m) | maṭār (m) | مطار |
| supersonique (adj) | χāreq lel ṣote | خارق للصوت |
| commandant (m) de bord | kabten (m) | كابتن |
| équipage (m) | ṭa'm (m) | طقم |
| pilote (m) | ṭayār (m) | طيّار |
| hôtesse (f) de l'air | moḏīfet ṭayarān (f) | مضيفة طيران |
| navigateur (m) | mallāḥ (m) | ملاّح |
| ailes (f pl) | agneḥa (pl) | أجنحة |
| queue (f) | deyl (m) | ذيل |
| cabine (f) | kabīna (f) | كابينة |
| moteur (m) | motore (m) | موتور |
| train (m) d'atterrissage | 'agalāt el hobūṭ (pl) | عجلات الهبوط |
| turbine (f) | torbīna (f) | توربينة |
| hélice (f) | marwaḥa (f) | مروّحة |
| boîte (f) noire | mosaggel el ṭayarān (m) | مسجّل الطيران |
| gouvernail (m) | moqawwed el ṭayāra (m) | مقوّد الطيّارة |
| carburant (m) | woqūd (m) | وقود |
| consigne (f) de sécurité | beṭā'et el salāma (f) | بطاقة السلامة |
| masque (m) à oxygène | mask el oksyʒīn (m) | ماسك الاوكسيجين |
| uniforme (m) | zayī muwaḥḥad (m) | زيّ موحّد |
| gilet (m) de sauvetage | sotret nagah (f) | سترة نجاة |
| parachute (m) | baraʃot (m) | باراشوت |
| décollage (m) | eqlā' (m) | إقلاع |
| décoller (vi) | aqla'et | أقلعت |
| piste (f) de décollage | modarrag el ṭa'erāṭ (m) | مدرّج الطائرات |
| visibilité (f) | ro'ya (f) | رؤية |
| vol (m) (~ d'oiseau) | ṭayarān (m) | طيران |
| altitude (f) | ertefā' (m) | إرتفاع |
| trou (m) d'air | geyb hawā'y (m) | جيب هوائي |
| place (f) | meq'ad (m) | مقعد |
| écouteurs (m pl) | samma'āt ra'siya (pl) | سمّاعات رأسية |
| tablette (f) | ṣeniya qabela lel ṭayī (f) | صينية قابلة للطيّ |
| hublot (m) | ʃebbāk el ṭayāra (m) | شبّاك الطيّارة |
| couloir (m) | mamarr (m) | ممرّ |

## 142. Le train

| | | |
|---|---|---|
| train (m) | qeṭār, 'aṭṭr (m) | قطار |
| train (m) de banlieue | qeṭār rokkāb (m) | قطار ركّاب |
| TGV (m) | qeṭār saree' (m) | قطار سريع |
| locomotive (f) diesel | qāṭeret dīzel (f) | قاطرة ديزل |
| locomotive (f) à vapeur | qāṭera boχariya (f) | قاطرة بخاريّة |
| wagon (m) | 'araba (f) | عربة |
| wagon-restaurant (m) | 'arabet el ṭa'ām (f) | عربة الطعام |
| rails (m pl) | qoḍbān (pl) | قضبان |
| chemin (m) de fer | sekka ḥadīdiya (f) | سكّة حديديّة |
| traverse (f) | 'āreḍa sekket ḥadīd (f) | عارضة سكّة الحديد |
| quai (m) | raṣīf (m) | رصيف |
| voie (f) | χaṭṭ (m) | خطّ |
| sémaphore (m) | semafore (m) | سيمافور |
| station (f) | maḥaṭṭa (f) | محطّة |
| conducteur (m) de train | sawwā' (m) | سوّاق |
| porteur (m) | ʃayāl (m) | شيّال |
| steward (m) | mas'ūl 'arabet el qeṭār (m) | مسؤول عربة القطار |
| passager (m) | rākeb (m) | راكب |
| contrôleur (m) de billets | kamsary (m) | كمسري |
| couloir (m) | mamarr (m) | ممرّ |
| frein (m) d'urgence | farāmel el ṭawāre' (pl) | فرامل الطوارئ |
| compartiment (m) | ɣorfa (f) | غرفة |
| couchette (f) | serīr (m) | سرير |
| couchette (f) d'en haut | serīr 'olwy (m) | سرير علويّ |
| couchette (f) d'en bas | serīr sofly (m) | سرير سفلي |
| linge (m) de lit | aɣṭeyet el serīr (pl) | أغطيّة السرير |
| ticket (m) | tazkara (f) | تذكرة |
| horaire (m) | gadwal (m) | جدوّل |
| tableau (m) d'informations | lawḥet ma'lomāt (f) | لوحة معلومات |
| partir (vi) | ɣādar | غادر |
| départ (m) (du train) | moɣadra (f) | مغادرة |
| arriver (le train) | weṣel | وصل |
| arrivée (f) | woṣūl (m) | وصول |
| arriver en train | weṣel bel qeṭār | وصل بالقطار |
| prendre le train | rekeb el qeṭār | ركب القطار |
| descendre du train | nezel men el qeṭār | نزل من القطار |
| accident (m) ferroviaire | ḥeṭām qeṭār (m) | حطام قطار |
| dérailler (vi) | χarag 'an χaṭṭ sīru | خرج عن خطّ سيره |
| locomotive (f) à vapeur | qāṭera boχariya (f) | قاطرة بخاريّة |
| chauffeur (m) | 'aṭʃagy (m) | عطشجي |
| chauffe (f) | forn el moḥarrek (m) | فرن المحرّك |
| charbon (m) | faḥm (m) | فحم |

## 143. Le bateau

| | | |
|---|---|---|
| bateau (m) | safīna (f) | سفينة |
| navire (m) | safīna (f) | سفينة |
| bateau (m) à vapeur | baχera (f) | باخرة |
| paquebot (m) | baχera nahriya (f) | باخرة نهرية |
| bateau (m) de croisière | safīna seyaḥiya (f) | سفينة سياحيّة |
| croiseur (m) | ṭarrād safīna baḥariya (m) | طرّاد سفينة بحريّة |
| yacht (m) | yaχt (m) | يخت |
| remorqueur (m) | qāṭera baḥariya (f) | قاطرة بحريّة |
| péniche (f) | ṣandal (m) | صندل |
| ferry (m) | ʿabbāra (f) | عبّارة |
| voilier (m) | safīna ʃeraʿiya (m) | سفينة شراعيّة |
| brigantin (m) | markeb ʃerāʿy (m) | مركب شراعي |
| brise-glace (m) | moḥaṭṭemet galīd (f) | محطّمة جليد |
| sous-marin (m) | ɣawwāṣa (f) | غوّاصة |
| canot (m) à rames | markeb (m) | مركب |
| dinghy (m) | zawraʾ (m) | زورق |
| canot (m) de sauvetage | qāreb nagah (m) | قارب نجاة |
| canot (m) à moteur | lunʃ (m) | لنش |
| capitaine (m) | ʾobṭān (m) | قبطان |
| matelot (m) | baḥḥār (m) | بحّار |
| marin (m) | baḥḥār (m) | بحّار |
| équipage (m) | ṭāqem (m) | طاقم |
| maître (m) d'équipage | rabbān (m) | ربّان |
| mousse (m) | ṣaby el safīna (m) | صبي السفينة |
| cuisinier (m) du bord | ṭabbāχ (m) | طبّاخ |
| médecin (m) de bord | ṭabīb el safīna (m) | طبيب السفينة |
| pont (m) | saṭ-ḥ el safīna (m) | سطح السفينة |
| mât (m) | sāreya (f) | سارية |
| voile (f) | ʃerāʿ (m) | شراع |
| cale (f) | ʿanbar (m) | عنبر |
| proue (f) | moʾaddema (m) | مقدّمة |
| poupe (f) | moʾaχeret el safīna (f) | مؤخّرة السفينة |
| rame (f) | megdāf (m) | مجذاف |
| hélice (f) | marwaḥa (f) | مروّحة |
| cabine (f) | kabīna (f) | كابينة |
| carré (m) des officiers | ɣorfet el ṭaʿām wel rāḥa (f) | غرفة الطعام والراحة |
| salle (f) des machines | qesm el ʾālāt (m) | قسم الآلات |
| passerelle (f) | borg el qeyāda (m) | برج القيادة |
| cabine (f) de T.S.F. | ɣorfet el lāselky (f) | غرفة اللاسلكي |
| onde (f) | mouga (f) | موجة |
| journal (m) de bord | segel el safīna (m) | سجل السفينة |
| longue-vue (f) | monzār (m) | منظار |
| cloche (f) | garas (m) | جرس |

| | | |
|---|---|---|
| pavillon (m) | ʿalam (m) | علم |
| grosse corde (f) tressée | ḥabl (m) | حبل |
| nœud (m) marin | ʿoʾda (f) | عقدة |
| rampe (f) | drabzīn saṭ-ḥ el safīna (m) | درابزين سطح السفينة |
| passerelle (f) | sellem (m) | سلّم |
| ancre (f) | marsāh (f) | مرساة |
| lever l'ancre | rafaʿ morsah | رفع مرساة |
| jeter l'ancre | rasa | رسا |
| chaîne (f) d'ancrage | selselet morsah (f) | سلسلة مرساة |
| port (m) | mināʾ (m) | ميناء |
| embarcadère (m) | marsa (m) | مرسى |
| accoster (vi) | rasa | رسا |
| larguer les amarres | aqlaʿ | أقلع |
| voyage (m) (à l'étranger) | reḥla (f) | رحلة |
| croisière (f) | reḥla baḥariya (f) | رحلة بحريّة |
| cap (m) (suivre un ~) | masār (m) | مسار |
| itinéraire (m) | ṭarīʾ (m) | طريق |
| chenal (m) | magra melāḥy (m) | مجرى ملاحيّ |
| bas-fond (m) | meyāh ḍaḥla (f) | مياه ضحلة |
| échouer sur un bas-fond | ganaḥ | جنح |
| tempête (f) | ʿāṣefa (f) | عاصفة |
| signal (m) | eʃara (f) | إشارة |
| sombrer (vi) | ɣereʾ | غرق |
| Un homme à la mer! | saʾaṭ rāgil min el sefīna! | سقط راجل من السفينة! |
| SOS (m) | nedāʾ eɣāsa (m) | نداء إغاثة |
| bouée (f) de sauvetage | ṭoʾe nagah (m) | طوق نجاة |

## 144. L'aéroport

| | | |
|---|---|---|
| aéroport (m) | maṭār (m) | مطار |
| avion (m) | ṭayāra (f) | طيّارة |
| compagnie (f) aérienne | ʃerket ṭayarān (f) | شركة طيران |
| contrôleur (m) aérien | marākeb el ḥaraka el gawiya (m) | مراكب الحركة الجويّة |
| départ (m) | moɣadra (f) | مغادرة |
| arrivée (f) | woṣūl (m) | وصول |
| arriver (par avion) | weṣel | وصل |
| temps (m) de départ | waʾt el moɣadra (m) | وقت المغادرة |
| temps (m) d'arrivée | waʾt el woṣūl (m) | وقت الوصول |
| être retardé | taʾakχar | تأخّر |
| retard (m) de l'avion | taʾaχor el reḥla (m) | تأخّر الرحلة |
| tableau (m) d'informations | lawḥet el maʿlomāt (f) | لوحة المعلومات |
| information (f) | esteʿlamāt (pl) | إستعلامات |
| annoncer (vt) | aʿlan | أعلن |

| | | |
|---|---|---|
| vol (m) | reḥlet ṭayarān (f) | رحلة طيران |
| douane (f) | gamārek (pl) | جمارك |
| douanier (m) | mowazzaf el gamārek (m) | موظّف الجمارك |
| déclaration (f) de douane | taṣrīḥ gomroky (m) | تصريح جمركي |
| remplir (vt) | mala | ملا |
| remplir la déclaration | mala el taṣrīḥ | ملأ التصريح |
| contrôle (m) de passeport | taftīʃ el gawazāt (m) | تفتيش الجوازات |
| bagage (m) | el ʃonaṭ (pl) | الشنط |
| bagage (m) à main | ʃonaṭ el yad (pl) | شنط اليد |
| chariot (m) | ʿarabet ʃonaṭ (f) | عربة شنط |
| atterrissage (m) | hobūṭ (m) | هبوط |
| piste (f) d'atterrissage | mamarr el hobūṭ (m) | ممرّ الهبوط |
| atterrir (vi) | habaṭ | هبط |
| escalier (m) d'avion | sellem el ṭayāra (m) | سلّم الطيّارة |
| enregistrement (m) | tasgīl (m) | تسجيل |
| comptoir (m) d'enregistrement | makān tasgīl (m) | مكان تسجيل |
| s'enregistrer (vp) | saggel | سجّل |
| carte (f) d'embarquement | beṭāqet el rokūb (f) | بطاقة الركوب |
| porte (f) d'embarquement | bawwābet el moɣadra (f) | بوّابة المغادرة |
| transit (m) | tranzīt (m) | ترانزيت |
| attendre (vt) | estanna | إستنّى |
| salle (f) d'attente | ṣālet el moɣadra (f) | صالة المغادرة |
| raccompagner (à l'aéroport, etc.) | waddaʿ | ودّع |
| dire au revoir | waddaʿ | ودّع |

## 145. Le vélo. La moto

| | | |
|---|---|---|
| vélo (m) | beskeletta (f) | بيسكلتّة |
| scooter (m) | fezba (f) | فزبة |
| moto (f) | motosekl (m) | موتوسيكل |
| faire du vélo | rāḥ bel beskeletta | راح بالبسكلتّة |
| guidon (m) | moqawwed (m) | مقوّد |
| pédale (f) | dawwāsa (f) | دوّاسة |
| freins (m pl) | farāmel (pl) | فرامل |
| selle (f) | korsy (m) | كرسي |
| pompe (f) | ṭolommba (f) | طلمّبة |
| porte-bagages (m) | raff el amteʿa (m) | رفّ الأمتعة |
| phare (m) | el meṣbāḥ el amāmy (m) | المصباح الأمامي |
| casque (m) | xawza (f) | خوذة |
| roue (f) | ʿagala (f) | عجلة |
| garde-boue (m) | refrāf (m) | رفراف |
| jante (f) | eṭār (m) | إطار |
| rayon (m) | mekbaḥ el ʿagala (m) | مكبح العجلة |

# La voiture

## 146. Les différents types de voiture

| | | |
|---|---|---|
| automobile (f) | sayāra (f) | سيّارة |
| voiture (f) de sport | sayāra reyāḍiya (f) | سيّارة رياضيّة |
| limousine (f) | limozīn (m) | ليموزين |
| tout-terrain (m) | sayāret ṭoro' wa'ra (f) | سيّارة طرق وعرة |
| cabriolet (m) | kabryoleyh (m) | كابريوليه |
| minibus (m) | mikrobāṣ (m) | ميكروباص |
| ambulance (f) | es'āf (m) | إسعاف |
| chasse-neige (m) | garrāfet talg (f) | جرّافة ثلج |
| camion (m) | ʃāḥena (f) | شاحنة |
| camion-citerne (m) | nāqelet betrūl (f) | ناقلة بترول |
| fourgon (m) | 'arabiyet na'l (f) | عربيّة نقل |
| tracteur (m) routier | garrār (m) | جرّار |
| remorque (f) | ma'ṭūra (f) | مقطورة |
| confortable (adj) | morīḥ | مريح |
| d'occasion (adj) | mosta'mal | مستعمل |

## 147. La voiture. La carrosserie

| | | |
|---|---|---|
| capot (m) | kabbūt (m) | كبّوت |
| aile (f) | refrāf (m) | رفراف |
| toit (m) | sa'f (m) | سقف |
| pare-brise (m) | ezāz amāmy (f) | إزاز أمامي |
| rétroviseur (m) | merāya daχeliya (f) | مراية داخلية |
| lave-glace (m) | monazzef el ezāz el amāmy (m) | منظّف الإزاز الأمامي |
| essuie-glace (m) | massāḥāt (pl) | مسّاحات |
| fenêtre (f) latéral | ʃebbāk gāneby (m) | شبّاك جانبي |
| lève-glace (m) | ezāz kahrabā'y (m) | إزاز كهربائي |
| antenne (f) | hawā'y (m) | هوائي |
| toit (m) ouvrant | fat-ḥet el sa'f (f) | فتحة السقف |
| pare-chocs (m) | ekṣedām (m) | اكصدام |
| coffre (m) | ʃanṭet el 'arabiya (f) | شنطة العربيّة |
| galerie (f) de toit | raff sa'f el 'arabiya (m) | رفّ سقف العربيّة |
| portière (f) | bāb (m) | باب |
| poignée (f) | okret el bāb (f) | اوكرة الباب |
| serrure (f) | 'efl el bāb (m) | قفل الباب |
| plaque (f) d'immatriculation | lawḥet raqam el sayāra (f) | لوحة رقم السيارة |

| | | |
|---|---|---|
| silencieux (m) | kātem lel ṣote (m) | كاتم للصوت |
| réservoir (m) d'essence | χazzān el banzīn (m) | خزّان البنزين |
| pot (m) d'échappement | anbūb el 'ādem (m) | أنبوب العادم |
| accélérateur (m) | ɣāz (m) | غاز |
| pédale (f) | dawwāsa (f) | دوّاسة |
| pédale (f) d'accélérateur | dawwāset el banzīn (f) | دوّاسة البنزين |
| frein (m) | farāmel (pl) | فرامل |
| pédale (f) de frein | dawwāset el farāmel (m) | دوّاسة الفرامل |
| freiner (vi) | farmel | فرمل |
| frein (m) à main | farāmel el enteẓār (pl) | فرامل الإنتظار |
| embrayage (m) | klatʃ (m) | كلتش |
| pédale (f) d'embrayage | dawwāset el klatʃ (f) | دوّاسة الكلتش |
| disque (m) d'embrayage | 'orṣ el klatʃ (m) | قرص الكلتش |
| amortisseur (m) | momtaṣṣ lel ṣadamāt (m) | ممتصّ للصدمات |
| roue (f) | 'agala (f) | عجلة |
| roue (f) de rechange | 'agala eḥteyāṭy (f) | عجلة إحتياطية |
| pneu (m) | eṭār (m) | إطار |
| enjoliveur (m) | ṭīs (m) | طيس |
| roues (f pl) motrices | 'agalāt el qeyāda (pl) | عجلات القيادة |
| à traction avant | daf' amāmy (m) | دفع أمامي |
| à traction arrière | daf' χalfy (m) | دفع خلفي |
| à traction intégrale | daf' kāmel (m) | دفع كامل |
| boîte (f) de vitesses | gearboks (m) | جير بوكس |
| automatique (adj) | otomatīky | أوتوماتيكي |
| mécanique (adj) | mikanīky | ميكانيكي |
| levier (m) de vitesse | meqbaḍ nāqel lel ḥaraka (m) | مقبض ناقل الحركة |
| phare (m) | el meṣbāḥ el amāmy (m) | المصباح الأمامي |
| feux (m pl) | el maṣabīḥ el amamiya (pl) | المصابيح الأمامية |
| feux (m pl) de croisement | nūr mo'aʃer monχafeḍ (pl) | نور مؤشر منخفض |
| feux (m pl) de route | nūr mo'asʃer 'āly (m) | نور مؤشر عالي |
| feux (m pl) stop | nūr el farāmel (m) | نور الفرامل |
| feux (m pl) de position | lambet el enteẓār (f) | لمبة الإنتظار |
| feux (m pl) de détresse | eʃārāt el taḥzīr (pl) | إشارات التحذير |
| feux (m pl) de brouillard | kasʃāf el ḍabāb (m) | كشّاف الضباب |
| clignotant (m) | eʃāret el en'eṭāf (f) | إشارة الإنعطاف |
| feux (m pl) de recul | ḍū' el rogū' lel χalf (m) | ضوء الرجوع للخلف |

## 148. La voiture. L'habitacle

| | | |
|---|---|---|
| habitacle (m) | ṣalone el sayāra (m) | صالون السيارة |
| en cuir (adj) | men el geld | من الجلد |
| en velours (adj) | men el moχmal | من المخمل |
| revêtement (m) | tangīd (m) | تنجيد |
| instrument (m) | gehāz (m) | جهاز |
| tableau (m) de bord | lawḥet ag-heza (f) | لوحة أجهزة |

| | | |
|---|---|---|
| indicateur (m) de vitesse | me'yās sor'a (m) | مقياس سرعة |
| aiguille (f) | mo'asʃer (m) | مؤشّر |
| compteur (m) de kilomètres | 'addād el mesafāt (m) | عدّاد المسافات |
| indicateur (m) | 'addād (m) | عدّاد |
| niveau (m) | mostawa (m) | مستوى |
| témoin (m) | lammbet enzār (f) | لمّبة إنذار |
| volant (m) | moqawwed (m) | مقوّد |
| klaxon (m) | kalaks (m) | كلاكس |
| bouton (m) | zerr (m) | زرّ |
| interrupteur (m) | nāqel, meftāḥ (m) | ناقل, مفتاح |
| siège (m) | korsy (m) | كرسي |
| dossier (m) | masnad el ḍahr (m) | مسند الظهر |
| appui-tête (m) | masnad el ra's (m) | مسند الرأس |
| ceinture (f) de sécurité | ḥezām el amān (m) | حزام الأمان |
| mettre la ceinture | rabaṭ el ḥezām | ربط الحزام |
| réglage (m) | ḍabṭ (m) | ضبط |
| airbag (m) | wesāda hawa'iya (f) | وسادة هوائية |
| climatiseur (m) | takyīf (m) | تكييف |
| radio (f) | radio (m) | راديو |
| lecteur (m) de CD | moʃagɣel sidi (m) | مشغّل سي دي |
| allumer (vt) | fataḥ, ʃagɣal | فتح, شغّل |
| antenne (f) | hawā'y (m) | هوائي |
| boîte (f) à gants | dorg (m) | درج |
| cendrier (m) | ṭa'ṭū'a (f) | طقطوقة |

## 149. La voiture. Le moteur

| | | |
|---|---|---|
| moteur (m) | moḥarrek (m) | محرّك |
| moteur (m) | motore (m) | موتور |
| diesel (adj) | 'alal diesel | على الديزل |
| à essence (adj) | 'alal banzīn | على البنزين |
| capacité (f) du moteur | ḥagm el moḥarrek (m) | حجم المحرّك |
| puissance (f) | 'owwa (f) | قوّة |
| cheval-vapeur (m) | ḥoṣān (m) | حصان |
| piston (m) | mekbas (m) | مكبس |
| cylindre (m) | esṭewāna (f) | أسطوانة |
| soupape (f) | ṣamām (m) | صمام |
| injecteur (m) | baχāχa (f) | بخّاخة |
| générateur (m) | mowalled (m) | مولّد |
| carburateur (m) | karburetor (m) | كاربراتير |
| huile (f) moteur | zeyt el moḥarrek (m) | زيت المحرّك |
| radiateur (m) | radiator (m) | رادياتير |
| liquide (m) de refroidissement | mobarred (m) | مبرّد |
| ventilateur (m) | marwaḥa (f) | مروّحة |
| batterie (f) | baṭṭariya (f) | بطّاريّة |
| starter (m) | meftāḥ el taʃɣīl (m) | مفتاح التشغيل |

| | | |
|---|---|---|
| allumage (m) | nezām taʃɣīl (m) | نظام تشغيل |
| bougie (f) d'allumage | ʃamʿet el eḥterāq (f) | شمعة الإحتراق |
| borne (f) | ṭaraf tawṣīl (m) | طرف توصيل |
| borne (f) positive | ṭaraf muwgeb (m) | طرف موجب |
| borne (f) négative | ṭaraf sāleb (m) | طرف سالب |
| fusible (m) | fetīl (m) | فتيل |
| filtre (m) à air | ṣaffāyet el hawāʾ (f) | صفّاية الهواء |
| filtre (m) à huile | ṣaffāyet el zeyt (f) | صفّاية الزيت |
| filtre (m) à essence | ṣaffāyet el banzīn (f) | صفّاية البنزين |

## 150. La voiture. La réparation

| | | |
|---|---|---|
| accident (m) de voiture | ḥadset sayāra (f) | حادثة سيارة |
| accident (m) de route | ḥādes morūry (m) | حادث مروري |
| percuter contre ... | χabaṭ | خبط |
| s'écraser (vp) | daʃdaʃ | دشدش |
| dégât (m) | χesāra (f) | خسارة |
| intact (adj) | salīm | سليم |
| tomber en panne | taʿaṭṭal | تعطّل |
| corde (f) de remorquage | ḥabl el saḥb | حبل السحب |
| crevaison (f) | soqb (m) | ثقب |
| crever (vi) (pneu) | fasʃ | فشّ |
| gonfler (vt) | nafaχ | نفخ |
| pression (f) | ḍaɣṭ (m) | ضغط |
| vérifier (vt) | eχtabar | إختبر |
| réparation (f) | taṣlīḥ (m) | تصليح |
| garage (m) (atelier) | warʃet taṣlīḥ ʿarabīāt (f) | ورشة تصليح عربيات |
| pièce (f) détachée | ʾeṭʿet ɣeyār (f) | قطعة غيار |
| pièce (f) | ʾeṭʿa (f) | قطعة |
| boulon (m) | mesmār ʾalawoze (m) | مسمار قلاووظ |
| vis (f) | mesmār (m) | مسمار |
| écrou (m) | ṣamūla (f) | صامولة |
| rondelle (f) | warda (f) | وردة |
| palier (m) | maḥmal (m) | محمل |
| tuyau (m) | anbūba (f) | أنبوبة |
| joint (m) | ʿazʾa (f) | عزقة |
| fil (m) | selk (m) | سلك |
| cric (m) | ʿafrīṭa (f) | عفريطة |
| clé (f) de serrage | meftāḥ rabṭ (m) | مفتاح ربط |
| marteau (m) | ʃakūʃ (m) | شاكوش |
| pompe (f) | ṭolommba (f) | طلمّبة |
| tournevis (m) | mefakk (m) | مفكّ |
| extincteur (m) | ṭaffayet ḥarīʾ (f) | طفّاية حريق |
| triangle (m) de signalisation | eʃāret taḥzīr (f) | إشارة تحذير |
| caler (vi) | etʿaṭṭal | إتعطّل |

| | | |
|---|---|---|
| calage (m) | tawaqqof (m) | توقّف |
| être en panne | kān maksūr | كان مكسور |
| surchauffer (vi) | soχn aktar men el lāzem | سخن أكثر من اللازم |
| se boucher (vp) | kān masdūd | كان مسدود |
| geler (vi) | etgammed | إتجمّد |
| éclater (tuyau, etc.) | enqaṭa' - ett'aṭṭa' | إنقطع |
| pression (f) | ḍaɣṭ (m) | ضغط |
| niveau (m) | mostawa (m) | مستوى |
| lâche (courroie ~) | ḍa'īf | ضعيف |
| fosse (f) | ṭa'ga (f) | طعجة |
| bruit (m) anormal | da'' (m) | دقّ |
| fissure (f) | ʃa'' (m) | شقّ |
| égratignure (f) | χadʃ (m) | خدش |

## 151. La voiture. La route

| | | |
|---|---|---|
| route (f) | ṭarī' (m) | طريق |
| grande route (autoroute) | ṭarī' saree' (m) | طريق سريع |
| autoroute (f) | otostrad (m) | اوتوستراد |
| direction (f) | ettegāh (m) | إتّجاه |
| distance (f) | masāfa (f) | مسافة |
| pont (m) | kobry (m) | كبري |
| parking (m) | maw'ef el 'arabeyāt (m) | موقف العربيات |
| place (f) | medān (m) | ميدان |
| échangeur (m) | taqāṭo' ṭoro' (m) | تقاطع طرق |
| tunnel (m) | nafa' (m) | نفق |
| station-service (f) | maḥaṭṭet banzīn (f) | محطّة بنزين |
| parking (m) | maw'ef el 'arabeyāt (m) | موقف العربيات |
| poste (m) d'essence | maḍaχet banzīn (f) | مضخّة بنزين |
| garage (m) (atelier) | warʃet taṣlīḥ 'arabīāt (f) | ورشة تصليح عربيات |
| se ravitailler (vp) | mala banzīn | ملى بنزين |
| carburant (m) | woqūd (m) | وقود |
| jerrycan (m) | ʒerken (m) | جركن |
| asphalte (m) | asfalt (m) | اسفلت |
| marquage (m) | 'alamāt el ṭarī' (pl) | علامات الطريق |
| bordure (f) | bardora (f) | بردورة |
| barrière (f) de sécurité | sūr (m) | سور |
| fossé (m) | ter'a (f) | ترعة |
| bas-côté (m) | ḥaffet el ṭarī' (f) | حافّة الطريق |
| réverbère (m) | 'amūd nūr (m) | عمود نور |
| conduire (une voiture) | sā' | ساق |
| tourner (~ à gauche) | ḥād | حاد |
| faire un demi-tour | laff fe u-turn | لفّ في يو تيرن |
| marche (f) arrière | ḥaraka ela al warā' (f) | حركة إلى الوراء |
| klaxonner (vi) | zammar | زمّر |
| coup (m) de klaxon | kalaks (m) | كلاكس |

| | | |
|---|---|---|
| s'embourber (vp) | ɣaraz | غرز |
| déraper (vi) | dawwar | دوّر |
| couper (le moteur) | awqaf | أوقف |
| | | |
| vitesse (f) | sorʿa (f) | سرعة |
| dépasser la vitesse | ʿadda el sorʿa | عدّى السرعة |
| mettre une amende | faraḍ ɣarāma | فرض غرامة |
| feux (m pl) de circulation | eʃārāt el morūr (pl) | إشارات المرور |
| permis (m) de conduire | roχṣet el qeyāda (f) | رخصة قيادة |
| | | |
| passage (m) à niveau | maʿbar (m) | معبر |
| carrefour (m) | taqāṭoʿ (m) | تقاطع |
| passage (m) piéton | maʿbar (m) | معبر |
| virage (m) | monʿaṭaf (m) | منعطف |
| zone (f) piétonne | manteʾa lel moʃāh (f) | منطقة للمشاة |

# LES GENS. LES ÉVÉNEMENTS

## Les grands événements de la vie

### 152. Les fêtes et les événements

| | | |
|---|---|---|
| fête (f) | ʿīd (m) | عيد |
| fête (f) nationale | ʿīd waṭany (m) | عيد وطني |
| jour (m) férié | agāza rasmiya (f) | أجازة رسميّة |
| fêter (vt) | eḥtafal be zekra | إحتفل بذكرى |
| événement (m) (~ du jour) | ḥadass (m) | حدث |
| événement (m) (soirée, etc.) | monasba (f) | مناسبة |
| banquet (m) | walīma (f) | وليمة |
| réception (f) | ḥaflet esteʾbāl (f) | حفلة إستقبال |
| festin (m) | walīma (f) | وليمة |
| anniversaire (m) | zekra sanawiya (f) | ذكرى سنوية |
| jubilé (m) | yobeyl (m) | يوبيل |
| célébrer (vt) | eḥtafal | إحتفل |
| Nouvel An (m) | raʾs el sanna (m) | رأس السنة |
| Bonne année! | koll sana wenta ṭayeb! | كلّ سنة وأنت طيّب! |
| Père Noël (m) | baba neweyl (m) | بابا نويل |
| Noël (m) | ʿīd el melād (m) | عيد الميلاد |
| Joyeux Noël! | ʿīd melād saʿīd! | عيد ميلاد سعيد! |
| arbre (m) de Noël | ʃagaret el kresmas (f) | شجرة الكريسمس |
| feux (m pl) d'artifice | alʿāb nāriya (pl) | ألعاب ناريّة |
| mariage (m) | faraḥ (m) | فرح |
| fiancé (m) | ʿarīs (m) | عريس |
| fiancée (f) | ʿarūsa (f) | عروسة |
| inviter (vt) | ʿazam | عزم |
| lettre (f) d'invitation | beṭāʾet daʿwa (f) | بطاقة دعوة |
| invité (m) | ḍeyf (m) | ضيف |
| visiter (~ les amis) | zār | زار |
| accueillir les invités | estaʾbal ḍoyūf | إستقبل ضيوف |
| cadeau (m) | hediya (f) | هديّة |
| offrir (un cadeau) | edda | إدّى |
| recevoir des cadeaux | estalam hadāya | إستلم هدايا |
| bouquet (m) | bokeyh (f) | بوكيه |
| félicitations (f pl) | tahneʾa (f) | تهنئة |
| féliciter (vt) | hanna | هنّأ |
| carte (f) de veux | beṭāʾet tahneʾa (f) | بطاقة تهنئة |

| | | |
|---|---|---|
| envoyer une carte | ba'at beṭā'et tahne'a | بعت بطاقة تهنئة |
| recevoir une carte | estalam beṭā'a tahne'a | استلم بطاقة تهنئة |
| toast (m) | naχab (m) | نخب |
| offrir (un verre, etc.) | ḍayaf | ضيّف |
| champagne (m) | ʃambania (f) | شمبانيا |
| s'amuser (vp) | estamta' | إستمتع |
| gaieté (f) | bahga (f) | بهجة |
| joie (f) (émotion) | sa'āda (f) | سعادة |
| danse (f) | ra'ṣa (f) | رقصة |
| danser (vi, vt) | ra'aṣ | رقص |
| valse (f) | valles (m) | فالس |
| tango (m) | tango (m) | تانجو |

## 153. L'enterrement. Le deuil

| | | |
|---|---|---|
| cimetière (m) | maqbara (f) | مقبرة |
| tombe (f) | 'abr (m) | قبر |
| croix (f) | ṣalīb (m) | صليب |
| pierre (f) tombale | ḥagar el ma''bara (m) | حجر المقبرة |
| clôture (f) | sūr (m) | سور |
| chapelle (f) | kenīsa saɣīra (f) | كنيسة صغيرة |
| mort (f) | mote (m) | موت |
| mourir (vi) | māt | مات |
| défunt (m) | el motawaffy (m) | المتوفّي |
| deuil (m) | ḥedād (m) | حداد |
| enterrer (vt) | dafan | دفن |
| maison (f) funéraire | maktab mota'ahhed el dafn (m) | مكتب متعهّد الدفن |
| enterrement (m) | ganāza (f) | جنازة |
| couronne (f) | eklīl (m) | إكليل |
| cercueil (m) | tabūt (m) | تابوت |
| corbillard (m) | na'ʃ (m) | نعش |
| linceul (m) | kafan (m) | كفن |
| cortège (m) funèbre | ganāza (f) | جنازة |
| urne (f) funéraire | garra gana'eziya (f) | جرّة جنائزية |
| crématoire (m) | maḥra'et gosas el mawta (f) | محرقة جثث الموتى |
| nécrologue (m) | segel el wafiāt (m) | سجل الوفيات |
| pleurer (vi) | baka | بكى |
| sangloter (vi) | nawwaḥ | نوّح |

## 154. La guerre. Les soldats

| | | |
|---|---|---|
| section (f) | faṣīla (f) | فصيلة |
| compagnie (f) | serriya (f) | سريّة |

| | | |
|---|---|---|
| régiment (m) | foge (m) | فوج |
| armée (f) | geyʃ (m) | جيش |
| division (f) | fer'a (f) | فرقة |
| détachement (m) | weḥda (f) | وحدة |
| armée (f) (Moyen Âge) | geyʃ (m) | جيش |
| soldat (m) (un militaire) | gondy (m) | جنّدي |
| officier (m) | ḍābeṭ (m) | ضابط |
| soldat (m) (grade) | gondy (m) | جنّدي |
| sergent (m) | raqīb tāny (m) | رقيب تاني |
| lieutenant (m) | molāzem tāny (m) | ملازم تاني |
| capitaine (m) | naqīb (m) | نقيب |
| commandant (m) | rā'ed (m) | رائد |
| colonel (m) | ʿaqīd (m) | عقيد |
| général (m) | ʒenerāl (m) | جنرال |
| marin (m) | baḥḥār (m) | بحّار |
| capitaine (m) | 'obṭān (m) | قبطان |
| maître (m) d'équipage | rabbān (m) | ربّان |
| artilleur (m) | gondy fe selāḥ el madfaʿiya (m) | جنّدي في سلاح المدفعيّة |
| parachutiste (m) | selāḥ el maẓallāt (m) | سلاح المظلّلات |
| pilote (m) | ṭayār (m) | طيّار |
| navigateur (m) | mallāḥ (m) | ملاّح |
| mécanicien (m) | mikanīky (m) | ميكانيكي |
| démineur (m) | mohandes ʿaskary (m) | مهندس عسكري |
| parachutiste (m) | gondy el baraʃot (m) | جنّدي الباراشوت |
| éclaireur (m) | kaʃāfet el esteṭlāʿ (f) | كشّافة الإستطلاع |
| tireur (m) d'élite | qannāṣ (m) | قنّاص |
| patrouille (f) | dawriya (f) | دوريّة |
| patrouiller (vi) | 'ām be dawriya | قام بدوريّة |
| sentinelle (f) | ḥāres (m) | حارس |
| guerrier (m) | muḥāreb (m) | محارب |
| patriote (m) | waṭany (m) | وطني |
| héros (m) | baṭal (m) | بطل |
| héroïne (f) | baṭala (f) | بطلة |
| traître (m) | χāyen (m) | خاين |
| trahir (vt) | χān | خان |
| déserteur (m) | hāreb men el gondiya (m) | هارب من الجنديّة |
| déserter (vt) | farr men el geyʃ | فرّ من الجيش |
| mercenaire (m) | ma'gūr (m) | مأجور |
| recrue (f) | gondy gedīd (m) | جنّدي جديد |
| volontaire (m) | motaṭawweʿ (m) | متطوّع |
| mort (m) | 'atīl (m) | قتيل |
| blessé (m) | garīḥ (m) | جريح |
| prisonnier (m) de guerre | asīr ḥarb (m) | أسير حرب |

## 155. La guerre. Partie 1

| | | |
|---|---|---|
| guerre (f) | ḥarb (f) | حرب |
| faire la guerre | ḥārab | حارب |
| guerre (f) civile | ḥarb ahliya (f) | حرب أهليّة |
| perfidement (adv) | ɣadran | غدراً |
| déclaration (f) de guerre | eʿlān ḥarb (m) | إعلان حرب |
| déclarer (la guerre) | aʿlan | أعلن |
| agression (f) | ʿedwān (m) | عدوان |
| attaquer (~ un pays) | hagam | هجم |
| envahir (vt) | eḥtall | إحتلّ |
| envahisseur (m) | moḥtell (m) | محتلّ |
| conquérant (m) | fāteḥ (m) | فاتح |
| défense (f) | defāʿ (m) | دفاع |
| défendre (vt) | dāfaʿ | دافع |
| se défendre (vp) | dāfaʿ ʿan ... | دافع عن ... |
| ennemi (m) | ʿadeww (m) | عدوّ |
| adversaire (m) | χeṣm (m) | خصم |
| ennemi (adj) (territoire ~) | ʿadeww | عدوّ |
| stratégie (f) | estrateʒiya (f) | إستراتيجيّة |
| tactique (f) | taktīk (m) | تكتيك |
| ordre (m) | amr (m) | أمر |
| commande (f) | amr (m) | أمر |
| ordonner (vt) | amar | أمر |
| mission (f) | mohemma (f) | مهمّة |
| secret (adj) | serry | سرّي |
| bataille (f) | maʿraka (f) | معركة |
| combat (m) | ʾetāl (m) | قتال |
| attaque (f) | hogūm (m) | هجوم |
| assaut (m) | enqeḍāḍ (m) | إنقضاض |
| prendre d'assaut | enqaḍḍ | إنقضّ |
| siège (m) | ḥeṣār (m) | حصار |
| offensive (f) | hogūm (m) | هجوم |
| passer à l'offensive | hagam | هجم |
| retraite (f) | enseḥāb (m) | إنسحاب |
| faire retraite | ensaḥab | إنسحب |
| encerclement (m) | eḥāṭa (f) | إحاطة |
| encercler (vt) | aḥāṭ | أحاط |
| bombardement (m) | ʾaṣf (m) | قصف |
| lancer une bombe | asqaṭ qonbola | أسقط قنبلة |
| bombarder (vt) | ʾaṣaf | قصف |
| explosion (f) | enfegār (m) | إنفجار |
| coup (m) de feu | ṭalʾa (f) | طلقة |

| | | |
|---|---|---|
| tirer un coup de feu | aṭlaq el nār | أطلق النار |
| fusillade (f) | eṭlāq nār (m) | إطلاق نار |
| viser ... (cible) | ṣawwab ʿala ... | صوّب على ... |
| pointer (sur ...) | ṣawwab | صوّب |
| atteindre (cible) | aṣāb el hadaf | أصاب الهدف |
| faire sombrer | aɣraʾ | أغرق |
| trou (m) (dans un bateau) | soqb (m) | ثقب |
| sombrer (navire) | ɣereʾ | غرق |
| front (m) | gabha (f) | جبهة |
| évacuation (f) | eχlāʾ (m) | إخلاء |
| évacuer (vt) | aχla | أخلى |
| tranchée (f) | χondoq (m) | خندق |
| barbelés (m pl) | aslāk ʃāʾeka (pl) | أسلاك شائكة |
| barrage (m) (~ antichar) | ḥāgez (m) | حاجز |
| tour (f) de guet | borg moraʾba (m) | برج مراقبة |
| hôpital (m) | mostaʃfa ʿaskary (m) | مستشفى عسكري |
| blesser (vt) | garaḥ | جرح |
| blessure (f) | garḥ (m) | جرح |
| blessé (m) | garīḥ (m) | جريح |
| être blessé | oṣīb bel garḥ | أصيب بالجرح |
| grave (blessure) | χaṭīr | خطير |

## 156. Les armes

| | | |
|---|---|---|
| arme (f) | asleḥa (pl) | أسلحة |
| armes (f pl) à feu | asleḥa nāriya (pl) | أسلحة ناريّة |
| armes (f pl) blanches | asleḥa bayḍāʾ (pl) | أسلحة بيضاء |
| arme (f) chimique | asleḥa kemawiya (pl) | أسلحة كيماويّة |
| nucléaire (adj) | nawawy | نوويّ |
| arme (f) nucléaire | asleḥa nawawiya (pl) | أسلحة نوويّة |
| bombe (f) | qonbela (f) | قنبلة |
| bombe (f) atomique | qonbela nawawiya (f) | قنبلة نوويّة |
| pistolet (m) | mosaddas (m) | مسدّس |
| fusil (m) | bondoqiya (f) | بندقيّة |
| mitraillette (f) | mosaddas rasʃāʃ (m) | مسدّس رشّاش |
| mitrailleuse (f) | rasʃāʃ (m) | رشّاش |
| bouche (f) | fawha (f) | فوهة |
| canon (m) | anbūba (f) | أنبوبة |
| calibre (m) | ʿeyār (m) | عيار |
| gâchette (f) | zanād (m) | زناد |
| mire (f) | moṣawweb (m) | مصوّب |
| magasin (m) | maχzan (m) | مخزن |
| crosse (f) | ʿaqab el bondoʾiya (m) | عقب البندقيّة |
| grenade (f) à main | qonbela yadawiya (f) | قنبلة يدويّة |

| | | |
|---|---|---|
| explosif (m) | mawād motafaggera (pl) | مواد متفجّرة |
| balle (f) | roṣāṣa (f) | رصاصة |
| cartouche (f) | χarṭūʃa (f) | خرطوشة |
| charge (f) | ḥaʃwa (f) | حشوة |
| munitions (f pl) | zaχīra (f) | ذخيرة |
| bombardier (m) | qazefet qanābel (f) | قاذفة قنابل |
| avion (m) de chasse | ṭayāra muqātela (f) | طيّارة مقاتلة |
| hélicoptère (m) | heliokobter (m) | هليكوبتر |
| pièce (f) de D.C.A. | madfaʿ moḍād lel ṭaʾerāṭ (m) | مدفع مضاد للطائرات |
| char (m) | dabbāba (f) | دبّابة |
| canon (m) d'un char | madfaʿ el dabbāba (m) | مدفع الدبّابة |
| artillerie (f) | madfaʿiya (f) | مدفعيّة |
| canon (m) | madfaʿ (m) | مدفع |
| pointer (~ l'arme) | ṣawwab | صوّب |
| obus (m) | qazīfa (f) | قذيفة |
| obus (m) de mortier | qonbela hawn (f) | قنبلة هاون |
| mortier (m) | hawn (m) | هاون |
| éclat (m) d'obus | ʃazya (f) | شظية |
| sous-marin (m) | ɣawwāṣa (f) | غوّاصة |
| torpille (f) | ṭorbīd (m) | طوربيد |
| missile (m) | ṣarūχ (m) | صاروخ |
| charger (arme) | ʿammar | عمّر |
| tirer (vi) | ḍarab bel nār | ضرب بالنار |
| viser ... (cible) | ṣawwab ʿala ... | صوّب على ... |
| baïonnette (f) | ḥerba (f) | حربة |
| épée (f) | seyf zu ḥaddeyn (m) | سيف ذو حدّين |
| sabre (m) | seyf monḥany (m) | سيف منحني |
| lance (f) | remḥ (m) | رمح |
| arc (m) | qose (m) | قوس |
| flèche (f) | sahm (m) | سهم |
| mousquet (m) | musket (m) | مسكيت |
| arbalète (f) | qose mostaʿraḍ (m) | قوس مستعرض |

## 157. Les hommes préhistoriques

| | | |
|---|---|---|
| primitif (adj) | bedāʾy | بدائي |
| préhistorique (adj) | ma qabl el tarīχ | ما قبل التاريخ |
| ancien (adj) | ʾadīm | قديم |
| Âge (m) de pierre | el ʿaṣr el ḥagary (m) | العصر الحجري |
| Âge (m) de bronze | el ʿaṣr el bronzy (m) | العصر البرونزي |
| période (f) glaciaire | el ʿaṣr el galīdy (m) | العصر الجليدي |
| tribu (f) | qabīla (f) | قبيلة |
| cannibale (m) | ʾākel loḥūm el baʃar (m) | آكل لحوم البشر |
| chasseur (m) | ṣayād (m) | صيّاد |
| chasser (vi, vt) | eṣṭād | إصطاد |

| | | |
|---|---|---|
| mammouth (m) | mamūθ (m) | ماموث |
| caverne (f) | kahf (m) | كهف |
| feu (m) | nār (f) | نار |
| feu (m) de bois | nār moχayem (m) | نار مخيّم |
| dessin (m) rupestre | rasm fel kahf (m) | رسم في الكهف |
| outil (m) | adah (f) | أداة |
| lance (f) | remḥ (m) | رمح |
| hache (f) en pierre | fa'ʾs ḥagary (m) | فأس حجري |
| faire la guerre | ḥārab | حارب |
| domestiquer (vt) | estaʾnas | استئنس |
| idole (f) | ṣanam (m) | صنم |
| adorer, vénérer (vt) | ʿabad | عبد |
| superstition (f) | χorāfa (f) | خرافة |
| rite (m) | mansak (m) | منسك |
| évolution (f) | taṭṭawwor (m) | تطوّر |
| développement (m) | nomoww (m) | نموّ |
| disparition (f) | enqerāḍ (m) | إنقراض |
| s'adapter (vp) | takayaf (maʿ) | تكيّف (مع) |
| archéologie (f) | ʿelm el ʾāsār (m) | علم الآثار |
| archéologue (m) | ʿālem āsār (m) | عالم آثار |
| archéologique (adj) | asary | أثري |
| site (m) d'excavation | mawqeʿ ḥafr (m) | موّقع حفر |
| fouilles (f pl) | tanqīb (m) | تنقيب |
| trouvaille (f) | ekteʃāf (m) | إكتشاف |
| fragment (m) | ʾeṭʿa (f) | قطعة |

## 158. Le Moyen Âge

| | | |
|---|---|---|
| peuple (m) | ʃaʿb (m) | شعب |
| peuples (m pl) | ʃoʿūb (pl) | شعوب |
| tribu (f) | qabīla (f) | قبيلة |
| tribus (f pl) | qabāʾel (pl) | قبائل |
| Barbares (m pl) | el barabra (pl) | البرابرة |
| Gaulois (m pl) | el ɣaliyūn (pl) | الغاليّون |
| Goths (m pl) | el qūṭiyūn (pl) | القوطيون |
| Slaves (m pl) | el selāf (pl) | السلاف |
| Vikings (m pl) | el viking (pl) | الفايكينج |
| Romains (m pl) | el romān (pl) | الرومان |
| romain (adj) | romāny | روماني |
| byzantins (m pl) | bizanṭiyūn (pl) | بيزنطيون |
| Byzance (f) | bīzanṭa (f) | بيزنطة |
| byzantin (adj) | bīzanṭy | بيزنطي |
| empereur (m) | embraṭore (m) | إمبراطور |
| chef (m) | zaʿīm (m) | زعيم |
| puissant (adj) | gabbār | جبّار |

| | | |
|---|---|---|
| roi (m) | malek (m) | ملك |
| gouverneur (m) | ḥākem (m) | حاكم |
| chevalier (m) | fāres (m) | فارس |
| féodal (m) | eqṭā'y (m) | إقطاعي |
| féodal (adj) | eqṭā'y | إقطاعي |
| vassal (m) | ḥākem tābe' (m) | حاكم تابع |
| duc (m) | dū' (m) | دوق |
| comte (m) | earl (m) | ايرل |
| baron (m) | barūn (m) | بارون |
| évêque (m) | asqof (m) | أسقف |
| armure (f) | der' (m) | درع |
| bouclier (m) | der' (m) | درع |
| glaive (m) | seyf (m) | سيف |
| visière (f) | ḥaffa amamiya lel χoza (f) | حافة أماميّة للخوذة |
| cotte (f) de mailles | der' el zard (m) | درع الزرد |
| croisade (f) | ḥamla ṣalībiya (f) | حملة صليبيّة |
| croisé (m) | ṣalīby (m) | صليبي |
| territoire (m) | arḍ (f) | أرض |
| attaquer (~ un pays) | hagam | هجم |
| conquérir (vt) | fataḥ | فتح |
| occuper (envahir) | eḥtall | إحتلّ |
| siège (m) | ḥeṣār (m) | حصار |
| assiégé (adj) | moḥāṣar | محاصر |
| assiéger (vt) | ḥāṣar | حاصر |
| inquisition (f) | maḥākem el taftīʃ (pl) | محاكم التفتيش |
| inquisiteur (m) | mofatteʃ (m) | مفتّش |
| torture (f) | ta'zīb (m) | تعذيب |
| cruel (adj) | waḥʃy | وحشي |
| hérétique (m) | moharṭeq (m) | مهرطق |
| hérésie (f) | harṭa'a (f) | هرطقة |
| navigation (f) en mer | el safar bel baḥr (m) | السفر بالبحر |
| pirate (m) | 'orṣān (m) | قرصان |
| piraterie (f) | 'arṣana (f) | قرصنة |
| abordage (m) | mohagmet safīna (f) | مهاجمة سفينة |
| butin (m) | ɣanīma (f) | غنيمة |
| trésor (m) | konūz (pl) | كنوز |
| découverte (f) | ekteʃāf (m) | إكتشاف |
| découvrir (vt) | ektaʃaf | إكتشف |
| expédition (f) | be'sa (f) | بعثة |
| mousquetaire (m) | fāres (m) | فارس |
| cardinal (m) | kardinal (m) | كاردينال |
| héraldique (f) | ʃe'ārāt el nabāla (pl) | شعارات النبالة |
| héraldique (adj) | χāṣṣ be ʃe'arāt el nebāla | خاصّ بشعارات النبالة |

## 159. Les dirigeants. Les responsables. Les autorités

| | | |
|---|---|---|
| roi (m) | malek (m) | ملك |
| reine (f) | maleka (f) | ملكة |
| royal (adj) | malaky | ملكي |
| royaume (m) | mamlaka (f) | مملكة |
| prince (m) | amīr (m) | أمير |
| princesse (f) | amīra (f) | أميرة |
| président (m) | ra'īs (m) | رئيس |
| vice-président (m) | nā'eb el ra'īs (m) | نائب الرئيس |
| sénateur (m) | 'oḍw magles el ʃoyūχ (m) | عضو مجلس الشيوخ |
| monarque (m) | 'āhel (m) | عاهل |
| gouverneur (m) | ḥākem (m) | حاكم |
| dictateur (m) | dektatore (m) | ديكتاتور |
| tyran (m) | ṭāɣeya (f) | طاغية |
| magnat (m) | ra'smāly kebīr (m) | رأسمالي كبير |
| directeur (m) | modīr (m) | مدير |
| chef (m) | ra'īs (m) | رئيس |
| gérant (m) | modīr (m) | مدير |
| boss (m) | ra'īs (m) | رئيس |
| patron (m) | ṣāḥeb (m) | صاحب |
| leader (m) | za'īm (m) | زعيم |
| chef (m) (~ d'une délégation) | ra'īs (m) | رئيس |
| autorités (f pl) | solṭāt (pl) | سلطات |
| supérieurs (m pl) | ro'asā' (pl) | رؤساء |
| gouverneur (m) | muḥāfeẓ (m) | محافظ |
| consul (m) | qonṣol (m) | قنصل |
| diplomate (m) | deblomāsy (m) | دبلوماسي |
| maire (m) | ra'īs el baladiya (m) | رئيس البلديّة |
| shérif (m) | ʃerīf (m) | شريف |
| empereur (m) | embraṭore (m) | إمبراطور |
| tsar (m) | qayṣar (m) | قيصر |
| pharaon (m) | fer'one (m) | فرعون |
| khan (m) | χān (m) | خان |

## 160. Les crimes. Les criminels. Partie 1

| | | |
|---|---|---|
| bandit (m) | qāṭe' ṭarī' (m) | قاطع طريق |
| crime (m) | garīma (f) | جريمة |
| criminel (m) | mogrem (m) | مجرم |
| voleur (m) | sāre' (m) | سارق |
| voler (qch à qn) | sara' | سرق |
| vol (m) | ser'a (f) | سرقة |
| kidnapper (vt) | χaṭaf | خطف |
| kidnapping (m) | χaṭf (m) | خطف |

| | | |
|---|---|---|
| kidnappeur (m) | χāṭef (m) | خاطف |
| rançon (f) | fedya (f) | فدية |
| exiger une rançon | ṭalab fedya | طلب فدية |

| | | |
|---|---|---|
| cambrioler (vt) | nahab | نهب |
| cambriolage (m) | nahb (m) | نهب |
| cambrioleur (m) | nahhāb (m) | نهاب |

| | | |
|---|---|---|
| extorquer (vt) | balṭag | بلطج |
| extorqueur (m) | balṭagy (m) | بلطجي |
| extorsion (f) | balṭaga (f) | بلطجة |

| | | |
|---|---|---|
| tuer (vt) | 'atal | قتل |
| meurtre (m) | 'atl (m) | قتل |
| meurtrier (m) | qātel (m) | قاتل |

| | | |
|---|---|---|
| coup (m) de feu | ṭal'et nār (f) | طلقة نار |
| tirer un coup de feu | aṭlaq el nār | أطلق النار |
| abattre (par balle) | 'atal bel roṣāṣ | قتل بالرصاص |
| tirer (vi) | ḍarab bel nār | ضرب بالنار |
| coups (m pl) de feu | ḍarb nār (m) | ضرب نار |
| incident (m) | ḥādes (m) | حادث |
| bagarre (f) | χenā'a (f) | خناقة |
| Au secours! | sā'idni | ساعدني! |
| victime (f) | ḍaḥiya (f) | ضحيَة |

| | | |
|---|---|---|
| endommager (vt) | χarrab | خرَب |
| dommage (m) | χesāra (f) | خسارة |
| cadavre (m) | gossa (f) | جثَة |
| grave (~ crime) | χaṭīra | خطيرة |

| | | |
|---|---|---|
| attaquer (vt) | hagam | هجم |
| battre (frapper) | ḍarab | ضرب |
| passer à tabac | ḍarab | ضرب |
| prendre (voler) | salab | سلب |
| poignarder (vt) | ṭa'an ḥatta el mote | طعن حتى الموت |
| mutiler (vt) | ʃawwah | شوَه |
| blesser (vt) | garaḥ | جرح |

| | | |
|---|---|---|
| chantage (m) | ebtezāz (m) | إبتزاز |
| faire chanter | ebtazz | إبتزَ |
| maître (m) chanteur | mobtazz (m) | مبتزَ |

| | | |
|---|---|---|
| racket (m) de protection | balṭaga (f) | بلطجة |
| racketteur (m) | mobtazz (m) | مبتزَ |
| gangster (m) | ragol 'eṣāba (m) | رجل عصابة |
| mafia (f) | mafia (f) | مافيا |

| | | |
|---|---|---|
| pickpocket (m) | nasʃāl (m) | نشَال |
| cambrioleur (m) | leṣṣ beyūt (m) | لص بيوت |
| contrebande (f) (trafic) | tahrīb (m) | تهريب |
| contrebandier (m) | moharreb (m) | مهرَب |

| | | |
|---|---|---|
| contrefaçon (f) | tazwīr (m) | تزويَر |
| falsifier (vt) | zawwar | زوَر |
| faux (falsifié) | mozawwara | مزوَرة |

## 161. Les crimes. Les criminels. Partie 2

| | | |
|---|---|---|
| viol (m) | eɣteṣāb (m) | إغتصاب |
| violer (vt) | eɣtaṣab | إغتصب |
| violeur (m) | moɣtaṣeb (m) | مغتصب |
| maniaque (m) | mahwūs (m) | مهووس |
| prostituée (f) | mommos (f) | مومّس |
| prostitution (f) | da'āra (f) | دعارة |
| souteneur (m) | qawwād (m) | قوّاد |
| drogué (m) | modmen moχaddarāt (m) | مدمن مخدّرات |
| trafiquant (m) de drogue | tāger moχaddarāt (m) | تاجر مخدّرات |
| faire exploser | faggar | فجّر |
| explosion (f) | enfegār (m) | إنفجار |
| mettre feu | aʃ'al el nār | أشعل النار |
| incendiaire (m) | moʃ'el ḥarīq 'an 'amd (m) | مشعل حريق عن عمد |
| terrorisme (m) | erhāb (m) | إرهاب |
| terroriste (m) | erhāby (m) | إرهابي |
| otage (m) | rahīna (m) | رهينة |
| escroquer (vt) | eḥtāl | إحتال |
| escroquerie (f) | eḥteyāl (m) | إحتيال |
| escroc (m) | moḥtāl (m) | محتال |
| soudoyer (vt) | raʃa | رشا |
| corruption (f) | erteʃā' (m) | إرتشاء |
| pot-de-vin (m) | raʃwa (f) | رشوة |
| poison (m) | semm (m) | سمّ |
| empoisonner (vt) | sammem | سمّم |
| s'empoisonner (vp) | sammem nafsoh | سمّم نفسه |
| suicide (m) | enteḥār (m) | إنتحار |
| suicidé (m) | montaḥer (m) | منتحر |
| menacer (vt) | hadded | هدّد |
| menace (f) | tahdīd (m) | تهديد |
| attenter (vt) | ḥāwel eɣteyāl | حاول إغتيال |
| attentat (m) | moḥawlet eɣteyāl (f) | محاولة إغتيال |
| voler (un auto) | sara' | سرق |
| détourner (un avion) | eχtaṭaf | إختطف |
| vengeance (f) | enteqām (m) | إنتقام |
| se venger (vp) | entaqam | إنتقم |
| torturer (vt) | 'azzeb | عذّب |
| torture (f) | ta'zīb (m) | تعذيب |
| tourmenter (vt) | 'azzeb | عذّب |
| pirate (m) | 'orṣān (m) | قرصان |
| voyou (m) | wabaʃ (m) | وبش |

| | | |
|---|---|---|
| armé (adj) | mosallaḥ | مسلّح |
| violence (f) | ʿonf (m) | عنف |
| illégal (adj) | meʃ qanūniy | مش قانونيّ |
| espionnage (m) | tagassas (m) | تجسّس |
| espionner (vt) | tagassas | تجسّس |

## 162. La police. La justice. Partie 1

| | | |
|---|---|---|
| justice (f) | qaḍāʾ (m) | قضاء |
| tribunal (m) | maḥkama (f) | محكمة |
| juge (m) | qāḍy (m) | قاضي |
| jury (m) | moḥallafīn (pl) | محلّفين |
| cour (f) d'assises | qaḍāʾ el muḥallafīn (m) | قضاء المحلّفين |
| juger (vt) | ḥakam | حكم |
| avocat (m) | muḥāmy (m) | محامي |
| accusé (m) | moddaʿy ʿaleyh (m) | مدّعي عليه |
| banc (m) des accusés | ʾafaṣ el ettehām (m) | قفص الإتّهام |
| inculpation (f) | ettehām (m) | إتّهام |
| inculpé (m) | mottaham (m) | متّهم |
| condamnation (f) | ḥokm (m) | حكم |
| condamner (vt) | ḥakam | حكم |
| coupable (m) | gāny (m) | جاني |
| punir (vt) | ʿāqab | عاقب |
| punition (f) | ʿeqāb (m) | عقاب |
| amende (f) | ɣarāma (f) | غرامة |
| détention (f) à vie | segn mada el ḥayah (m) | سجن مدى الحياة |
| peine (f) de mort | ʿoqūbet ʾeʿdām (f) | عقوبة إعدام |
| chaise (f) électrique | el korsy el kaharabāʾy (m) | الكرسي الكهربائي |
| potence (f) | maʃnaʾa (f) | مشنقة |
| exécuter (vt) | aʿdam | أعدم |
| exécution (f) | eʿdām (m) | إعدام |
| prison (f) | segn (m) | سجن |
| cellule (f) | zenzāna (f) | زنزانة |
| escorte (f) | ḥerāsa (f) | حراسة |
| gardien (m) de prison | ḥāres segn (m) | حارس سجن |
| prisonnier (m) | sagīn (m) | سجين |
| menottes (f pl) | kalabʃāt (pl) | كلابشات |
| mettre les menottes | kalbeʃ | كلبش |
| évasion (f) | horūb men el segn (m) | هروب من السجن |
| s'évader (vp) | hereb | هرب |
| disparaître (vi) | eχtafa | إختفى |
| libérer (vt) | aχla sabīl | أخلى سبيل |

| | | |
|---|---|---|
| amnistie (f) | ʿafw ʿām (m) | عفو عام |
| police (f) | ʃorṭa (f) | شرطة |
| policier (m) | ʃorṭy (m) | شرطي |
| commissariat (m) de police | qesm ʃorṭa (m) | قسم شرطة |
| matraque (f) | ʿaṣāya maṭṭāṭiya (f) | عصاية مطّاطية |
| haut parleur (m) | būʾ (m) | بوق |
| voiture (f) de patrouille | ʿarabiyet dawrīāt (f) | عربيّة دوريات |
| sirène (f) | sarīna (f) | سرينة |
| enclencher la sirène | wallaʿ el sarīna | ولّع السرينة |
| hurlement (m) de la sirène | ṣote sarīna (m) | صوت سرينة |
| lieu (m) du crime | masraḥ el garīma (m) | مسرح الجريمة |
| témoin (m) | ʃāhed (m) | شاهد |
| liberté (f) | ḥorriya (f) | حرّيّة |
| complice (m) | ʃerīk fel garīma (m) | شريك في الجريمة |
| s'enfuir (vp) | hereb | هرب |
| trace (f) | asar (m) | أثر |

## 163. La police. La justice. Partie 2

| | | |
|---|---|---|
| recherche (f) | baḥs (m) | بحث |
| rechercher (vt) | dawwar ʿala | دوّر على |
| suspicion (f) | ʃobha (f) | شبهة |
| suspect (adj) | maʃbūh | مشبوه |
| arrêter (dans la rue) | awqaf | أوقّف |
| détenir (vt) | eʿtaqal | إعتقل |
| affaire (f) (~ pénale) | ʾaḍiya (f) | قضيّة |
| enquête (f) | taḥʾīʾ (m) | تحقيق |
| détective (m) | moḥaqqeq (m) | محقّق |
| enquêteur (m) | mofatteʃ (m) | مفتّش |
| hypothèse (f) | rewāya (f) | رواية |
| motif (m) | dāfeʿ (m) | دافع |
| interrogatoire (m) | estegwāb (m) | إستجواب |
| interroger (vt) | estagweb | إستجوّب |
| interroger (~ les voisins) | estanṭaʾ | إستنطق |
| inspection (f) | faḥṣ (m) | فحص |
| rafle (f) | gamʿ (m) | جمع |
| perquisition (f) | taftīʃ (m) | تفتيش |
| poursuite (f) | moṭarda (f) | مطاردة |
| poursuivre (vt) | ṭārad | طارد |
| dépister (vt) | tatabbaʿ | تتبّع |
| arrestation (f) | eʿteqāl (m) | إعتقال |
| arrêter (vt) | eʿtaqal | اعتقل |
| attraper (~ un criminel) | ʾabaḍ ʿala | قبض على |
| capture (f) | ʾabḍ (m) | قبض |
| document (m) | wasīqa (f) | وثيقة |
| preuve (f) | dalīl (m) | دليل |
| prouver (vt) | asbat | أثبت |

| | | |
|---|---|---|
| empreinte (f) de pied | baṣma (f) | بصمة |
| empreintes (f pl) digitales | baṣamāt el aṣābe' (pl) | بصمات الأصابع |
| élément (m) de preuve | 'eṭ'a men el adella (f) | قطعة من الأدلّة |
| alibi (m) | ḥegget ɣeyāb (f) | حجّة غياب |
| innocent (non coupable) | barī' | بريء |
| injustice (f) | ẓolm (m) | ظلم |
| injuste (adj) | meʃ 'ādel | مش عادل |
| criminel (adj) | mogrem | مجرم |
| confisquer (vt) | ṣādar | صادر |
| drogue (f) | moχaddarāt (pl) | مخدّرات |
| arme (f) | selāḥ (m) | سلاح |
| désarmer (vt) | garrad men el selāḥ | جرّد من السلاح |
| ordonner (vt) | amar | أمر |
| disparaître (vi) | eχtafa | إختفى |
| loi (f) | qanūn (m) | قانون |
| légal (adj) | qanūny | قانوني |
| illégal (adj) | meʃ qanūny | مش قانوني |
| responsabilité (f) | mas'oliya (f) | مسؤوليّة |
| responsable (adj) | mas'ūl (m) | مسؤول |

# LA NATURE

## La Terre. Partie 1

### 164. L'espace cosmique

| | | |
|---|---|---|
| cosmos (m) | faḍā' (m) | فضاء |
| cosmique (adj) | faḍā'y | فضائي |
| espace (m) cosmique | el faḍā' el χāregy (m) | الفضاء الخارجي |
| monde (m) | 'ālam (m) | عالم |
| univers (m) | el kōn (m) | الكون |
| galaxie (f) | el magarra (f) | المجرّة |
| étoile (f) | negm (m) | نجم |
| constellation (f) | borg (m) | برج |
| planète (f) | kawwkab (m) | كوكب |
| satellite (m) | 'amar ṣenā'y (m) | قمر صناعي |
| météorite (m) | nayzek (m) | نيزك |
| comète (f) | mozannab (m) | مذنّب |
| astéroïde (m) | kowaykeb (m) | كويكب |
| orbite (f) | madār (m) | مدار |
| tourner (vi) | dār | دار |
| atmosphère (f) | el γelāf el gawwy (m) | الغلاف الجوّي |
| Soleil (m) | el ʃams (f) | الشمس |
| système (m) solaire | el magmū'a el ʃamsiya (f) | المجموعة الشمسيّة |
| éclipse (f) de soleil | kosūf el ʃams (m) | كسوف الشمس |
| Terre (f) | el arḍ (f) | الأرض |
| Lune (f) | el 'amar (m) | القمر |
| Mars (m) | el marrīχ (m) | المرّيخ |
| Vénus (f) | el zahra (f) | الزهرة |
| Jupiter (m) | el moʃtary (m) | المشتري |
| Saturne (m) | zoḥḥol (m) | زحل |
| Mercure (m) | 'aṭāred (m) | عطارد |
| Uranus (m) | uranus (m) | اورانوس |
| Neptune | nibtūn (m) | نبتون |
| Pluton (m) | bluto (m) | بلوتو |
| la Voie Lactée | darb el tebbāna (m) | درب التبّانة |
| la Grande Ours | el dobb el akbar (m) | الدب الأكبر |
| la Polaire | negm el 'oṭb (m) | نجم القطب |
| martien (m) | sāken el marrīχ (m) | ساكن المرّيخ |
| extraterrestre (m) | faḍā'y (m) | فضائي |

| | | |
|---|---|---|
| alien (m) | kā'en faḍā'y (m) | كائن فضائي |
| soucoupe (f) volante | ṭaba' ṭā'er (m) | طبق طائر |
| vaisseau (m) spatial | markaba faḍa'iya (f) | مركبة فضائية |
| station (f) orbitale | maḥaṭṭet faḍā' (f) | محطّة فضاء |
| lancement (m) | enṭelāq (m) | إنطلاق |
| moteur (m) | motore (m) | موتور |
| tuyère (f) | manfaθ (m) | منفث |
| carburant (m) | woqūd (m) | وقود |
| cabine (f) | kabīna (f) | كابينة |
| antenne (f) | hawā'y (m) | هوائي |
| hublot (m) | kowwa mostadīra (f) | كوّة مستديرة |
| batterie (f) solaire | lawḥa ʃamsiya (f) | لوحة شمسيّة |
| scaphandre (m) | badlet el faḍā' (f) | بدلة الفضاء |
| apesanteur (f) | enʿedām wazn (m) | إنعدام الوزن |
| oxygène (m) | oksiʒīn (m) | أوكسجين |
| arrimage (m) | rasw (m) | رسو |
| s'arrimer à ... | rasa | رسى |
| observatoire (m) | marṣad (m) | مرصد |
| télescope (m) | teleskop (m) | تلسكوب |
| observer (vt) | rāqab | راقب |
| explorer (un cosmos) | estakʃef | إستكشف |

## 165. La Terre

| | | |
|---|---|---|
| Terre (f) | el arḍ (f) | الأرض |
| globe (m) terrestre | el kora el arḍiya (f) | الكرة الأرضيّة |
| planète (f) | kawwkab (m) | كوكب |
| atmosphère (f) | el ɣelāf el gawwy (m) | الغلاف الجوّي |
| géographie (f) | goɣrafia (f) | جغرافيا |
| nature (f) | ṭabeeʿa (f) | طبيعة |
| globe (m) de table | namūzag lel kora el arḍiya (m) | نموذج للكرة الأرضيّة |
| carte (f) | χarīṭa (f) | خريطة |
| atlas (m) | aṭlas (m) | أطلس |
| Europe (f) | orobba (f) | أوروبّا |
| Asie (f) | asya (f) | آسيا |
| Afrique (f) | afreqia (f) | أفريقيا |
| Australie (f) | ostorālya (f) | أستراليا |
| Amérique (f) | amrīka (f) | أمريكا |
| Amérique (f) du Nord | amrīka el ʃamaliya (f) | أمريكا الشماليّة |
| Amérique (f) du Sud | amrīka el ganūbiya (f) | أمريكا الجنوبيّة |
| l'Antarctique (m) | el qoṭb el ganūby (m) | القطب الجنوبي |
| l'Arctique (m) | el qoṭb el ʃamāly (m) | القطب الشمالي |

## 166. Les quatre parties du monde

| | | |
|---|---|---|
| nord (m) | ʃemāl (m) | شمال |
| vers le nord | lel ʃamāl | للشمال |
| au nord | fel ʃamāl | في الشمال |
| du nord (adj) | ʃamāly | شمالي |
| sud (m) | ganūb (m) | جنوب |
| vers le sud | lel ganūb | للجنوب |
| au sud | fel ganūb | في الجنوب |
| du sud (adj) | ganūby | جنوبي |
| ouest (m) | ɣarb (m) | غرب |
| vers l'occident | lel ɣarb | للغرب |
| à l'occident | fel ɣarb | في الغرب |
| occidental (adj) | ɣarby | غربي |
| est (m) | ʃarʾ (m) | شرق |
| vers l'orient | lel ʃarʾ | للشرق |
| à l'orient | fel ʃarʾ | في الشرق |
| oriental (adj) | ʃarʾy | شرقي |

## 167. Les ocèans et les mers

| | | |
|---|---|---|
| mer (f) | baḥr (m) | بحر |
| océan (m) | moḥīṭ (m) | محيط |
| golfe (m) | χalīg (m) | خليج |
| détroit (m) | maḍīq (m) | مضيق |
| terre (f) ferme | barr (m) | برّ |
| continent (m) | qārra (f) | قارّة |
| île (f) | gezīra (f) | جزيرة |
| presqu'île (f) | ʃebh gezeyra (f) | شبه جزيرة |
| archipel (m) | magmūʿet gozor (f) | مجموعة جزر |
| baie (f) | χalīg (m) | خليج |
| port (m) | mināʾ (m) | ميناء |
| lagune (f) | lagūn (m) | لاجون |
| cap (m) | raʾs (m) | رأس |
| atoll (m) | gezīra morganiya estwaʾiya (f) | جزيرة مرجانية إستوائيّة |
| récif (m) | ʃoʿāb (pl) | شعاب |
| corail (m) | morgān (m) | مرجان |
| récif (m) de corail | ʃoʿāb morganiya (pl) | شعاب مرجانية |
| profond (adj) | ʿamīq | عميق |
| profondeur (f) | ʿomq (m) | عمق |
| abîme (m) | el ʿomq el saḥīq (m) | العمق السحيق |
| fosse (f) océanique | χondoq (m) | خندق |
| courant (m) | tayār (m) | تيّار |
| baigner (vt) (mer) | ḥāṭ | حاط |
| littoral (m) | sāḥel (m) | ساحل |

| | | |
|---|---|---|
| côte (f) | sāḥel (m) | ساحل |
| marée (f) haute | tayār (m) | تيّار |
| marée (f) basse | gozor (m) | جزر |
| banc (m) de sable | meyāh ḍaḥla (f) | مياه ضحلة |
| fond (m) | qāʿ (m) | قاع |
| vague (f) | mouga (f) | موجة |
| crête (f) de la vague | qemma (f) | قمّة |
| mousse (f) | zabad el baḥr (m) | زبد البحر |
| tempête (f) en mer | ʿāṣefa (f) | عاصفة |
| ouragan (m) | eʿṣār (m) | إعصار |
| tsunami (m) | tsunāmy (m) | تسونامي |
| calme (m) | hodūʾ (m) | هدوء |
| calme (tranquille) | hady | هادئ |
| pôle (m) | ʾoṭb (m) | قطب |
| polaire (adj) | ʾoṭby | قطبي |
| latitude (f) | ʿarḍ (m) | عرض |
| longitude (f) | χaṭṭ ṭūl (m) | خطّ طول |
| parallèle (f) | motawāz (m) | متواز |
| équateur (m) | χaṭṭ el estewāʾ (m) | خطّ الإستواء |
| ciel (m) | samāʾ (f) | سماء |
| horizon (m) | ofoq (m) | أفق |
| air (m) | hawāʾ (m) | هواء |
| phare (m) | manāra (f) | منارة |
| plonger (vi) | ɣāṣ | غاص |
| sombrer (vi) | ɣereʾ | غرق |
| trésor (m) | konūz (pl) | كنوز |

## 168. Les montagnes

| | | |
|---|---|---|
| montagne (f) | gabal (m) | جبل |
| chaîne (f) de montagnes | selselet gebāl (f) | سلسلة جبال |
| crête (f) | notūʾ el gabal (m) | نتوء الجبل |
| sommet (m) | qemma (f) | قمّة |
| pic (m) | qemma (f) | قمّة |
| pied (m) | asfal (m) | أسفل |
| pente (f) | monḥadar (m) | منحدر |
| volcan (m) | borkān (m) | بركان |
| volcan (m) actif | borkān naʃeṭ (m) | بركان نشط |
| volcan (m) éteint | borkān χāmed (m) | بركان خامد |
| éruption (f) | sawarān (m) | ثوّران |
| cratère (m) | fawhet el borkān (f) | فوهة البركان |
| magma (m) | magma (f) | ماجما |
| lave (f) | ḥomam borkāniya (pl) | حمم بركانية |
| en fusion (lave ~) | monṣahera | منصهرة |
| canyon (m) | wādy ḍayeʾ (m) | وادي ضيّق |

| | | |
|---|---|---|
| défilé (m) (gorge) | mamarr ḍaye' (m) | ممرّ ضيّق |
| crevasse (f) | ʃa'' (m) | شقّ |
| précipice (m) | hāwya (f) | هاوية |
| col (m) de montagne | mamarr gabaly (m) | ممرّ جبلي |
| plateau (m) | haḍaba (f) | هضبة |
| rocher (m) | garf (m) | جرف |
| colline (f) | tall (m) | تلّ |
| glacier (m) | nahr galīdy (m) | نهر جليدي |
| chute (f) d'eau | ʃallāl (m) | شلّال |
| geyser (m) | nabʿ maya ḥāra (m) | نبع ميّة حارة |
| lac (m) | boḥeyra (f) | بحيرة |
| plaine (f) | sahl (m) | سهل |
| paysage (m) | manzar ṭabeeʿy (m) | منظر طبيعي |
| écho (m) | ṣada (m) | صدى |
| alpiniste (m) | motasalleq el gebāl (m) | متسلّق الجبال |
| varappeur (m) | motasalleq ṣoχūr (m) | متسلّق صخور |
| conquérir (vt) | taɣallab ʿala | تغلّب على |
| ascension (f) | tasalloq (m) | تسلّق |

## 169. Les fleuves

| | | |
|---|---|---|
| rivière (f), fleuve (m) | nahr (m) | نهر |
| source (f) | ʿeyn (m) | عين |
| lit (m) (d'une rivière) | magra el nahr (m) | مجرى النهر |
| bassin (m) | ḥoḍe (m) | حوض |
| se jeter dans ... | ṣabb fe ... | صبّ في... |
| affluent (m) | rāfed (m) | رافد |
| rive (f) | ḍaffa (f) | ضفّة |
| courant (m) | tayār (m) | تيّار |
| en aval | maʿ ettigāh magra el nahr | مع إتّجاه مجرى النهر |
| en amont | ḍed el tayār | ضد التيار |
| inondation (f) | ɣamr (m) | غمر |
| les grandes crues | fayaḍān (m) | فيضان |
| déborder (vt) | fāḍ | فاض |
| inonder (vt) | ɣamar | غمر |
| bas-fond (m) | meyāh ḍaḥla (f) | مياه ضحلة |
| rapide (m) | monḥadar el nahr (m) | منحدر النهر |
| barrage (m) | sadd (m) | سدّ |
| canal (m) | qanah (f) | قناة |
| lac (m) de barrage | χazzān māʾy (m) | خزّان مائي |
| écluse (f) | bawwāba qanṭara (f) | بوّابة قنطرة |
| plan (m) d'eau | berka (f) | بركة |
| marais (m) | mostanqaʿ (m) | مستنقع |
| fondrière (f) | mostanqaʿ (m) | مستنقع |

| | | |
|---|---|---|
| tourbillon (m) | dawwāma (f) | دوّامة |
| ruisseau (m) | gadwal (m) | جدوّل |
| potable (adj) | el ʃorb | الشرب |
| douce (l'eau ~) | ʿazb | عذب |
| glace (f) | galīd (m) | جليد |
| être gelé | etgammed | إتجمّد |

## 170. La forét

| | | |
|---|---|---|
| forêt (f) | ɣāba (f) | غابة |
| forestier (adj) | ɣāba | غابة |
| fourré (m) | ɣāba kasīfa (f) | غابة كثيفة |
| bosquet (m) | bostān (m) | بستان |
| clairière (f) | ezālet el ɣābāt (f) | إزالة الغابات |
| broussailles (f pl) | agama (f) | أجمة |
| taillis (m) | arāḍy el ʃogayrāt (pl) | أراضي الشجيرات |
| sentier (m) | mamarr (m) | ممرّ |
| ravin (m) | wādy ḍaye' (m) | وادي ضيّق |
| arbre (m) | ʃagara (f) | شجرة |
| feuille (f) | wara'a (f) | ورقة |
| feuillage (m) | wara' (m) | ورق |
| chute (f) de feuilles | tasā'oṭ el awrā' (m) | تساقط الأوراق |
| tomber (feuilles) | saqaṭ | سقط |
| sommet (m) | ra's (m) | رأس |
| rameau (m) | ɣoṣn (m) | غصن |
| branche (f) | ɣoṣn ra'īsy (m) | غصن رئيسي |
| bourgeon (m) | borʿom (m) | برعم |
| aiguille (f) | ʃawka (f) | شوكة |
| pomme (f) de pin | kūz el ṣnowbar (m) | كوز الصنوبر |
| creux (m) | gofe (m) | جوف |
| nid (m) | ʿeʃ (m) | عشّ |
| terrier (m) (~ d'un renard) | goḥr (m) | جحر |
| tronc (m) | gezʿ (m) | جذع |
| racine (f) | gezr (m) | جذر |
| écorce (f) | leḥā' (m) | لحاء |
| mousse (f) | ṭaḥlab (m) | طحلب |
| déraciner (vt) | eqtalaʿ | إقتلع |
| abattre (un arbre) | 'aṭṭaʿ | قطّع |
| déboiser (vt) | azāl el ɣabāt | أزال الغابات |
| souche (f) | gezʿ el ʃagara (m) | جذع الشجرة |
| feu (m) de bois | nār moχayem (m) | نار مخيّم |
| incendie (m) | ḥarī' ɣāba (m) | حريق غابة |
| éteindre (feu) | ṭaffa | طفّى |

| | | |
|---|---|---|
| garde (m) forestier | ḥāres el ɣāba (m) | حارس الغابة |
| protection (f) | ḥemāya (f) | حماية |
| protéger (vt) | ḥama | حمى |
| braconnier (m) | sāre' el ṣeyd (m) | سارق الصيد |
| piège (m) à mâchoires | maṣyada (f) | مصيدة |
| cueillir (vt) | gamma' | جمّع |
| s'égarer (vp) | tāh | تاه |

## 171. Les ressources naturelles

| | | |
|---|---|---|
| ressources (f pl) naturelles | sarawāt ṭabi'iya (pl) | ثروات طبيعيّة |
| minéraux (m pl) | ma'āden (pl) | معادن |
| gisement (m) | rawāseb (pl) | رواسب |
| champ (m) (~ pétrolifère) | ḥaql (m) | حقل |
| extraire (vt) | estaχrag | إستخرج |
| extraction (f) | esteχrāg (m) | إستخراج |
| minerai (m) | χām (m) | خام |
| mine (f) (site) | mangam (m) | منجم |
| puits (m) de mine | mangam (m) | منجم |
| mineur (m) | 'āmel mangam (m) | عامل منجم |
| gaz (m) | ɣāz (m) | غاز |
| gazoduc (m) | χaṭṭ anabīb ɣāz (m) | خطّ أنابيب غاز |
| pétrole (m) | nafṭ (m) | نفط |
| pipeline (m) | anabīb el nafṭ (pl) | أنابيب النفط |
| tour (f) de forage | bīr el nafṭ (m) | بير النفط |
| derrick (m) | ḥaffāra (f) | حفّارة |
| pétrolier (m) | nāqelet betrūl (f) | ناقلة بترول |
| sable (m) | raml (m) | رمل |
| calcaire (m) | ḥagar el kals (m) | حجر الكلس |
| gravier (m) | ḥaṣa (m) | حصى |
| tourbe (f) | χaθ faḥm nabāty (m) | خث فحم نباتي |
| argile (f) | ṭīn (m) | طين |
| charbon (m) | faḥm (m) | فحم |
| fer (m) | ḥadīd (m) | حديد |
| or (m) | dahab (m) | ذهب |
| argent (m) | faḍḍa (f) | فضّة |
| nickel (m) | nikel (m) | نيكل |
| cuivre (m) | neḥās (m) | نحاس |
| zinc (m) | zink (m) | زنك |
| manganèse (m) | manganīz (m) | منجنيز |
| mercure (m) | ze'baq (m) | زئبق |
| plomb (m) | roṣāṣ (m) | رصاص |
| minéral (m) | ma'dan (m) | معدن |
| cristal (m) | kristāl (m) | كريستال |
| marbre (m) | roχām (m) | رخام |
| uranium (m) | yuranuim (m) | يورانيوم |

# La Terre. Partie 2

## 172. Le temps

| | | |
|---|---|---|
| temps (m) | ṭa'ʾs (m) | طقس |
| météo (f) | naʃra gawiya (f) | نشرة جويّة |
| température (f) | ḥarāra (f) | حرارة |
| thermomètre (m) | termometr (m) | ترمومتر |
| baromètre (m) | barometr (m) | بارومتر |
| humide (adj) | roṭob | رطب |
| humidité (f) | roṭūba (f) | رطوبة |
| chaleur (f) (canicule) | ḥarāra (f) | حرارة |
| torride (adj) | ḥarr | حارّ |
| il fait très chaud | el gaww ḥarr | الجوّ حرّ |
| il fait chaud | el gaww dafa | الجوّ دفا |
| chaud (modérément) | dāfeʾ | دافئ |
| il fait froid | el gaww bāred | الجوّ بارد |
| froid (adj) | bāred | بارد |
| soleil (m) | ʃams (f) | شمس |
| briller (soleil) | nawwar | نوّر |
| ensoleillé (jour ~) | moʃmes | مشمس |
| se lever (vp) | ʃaraʾ | شرق |
| se coucher (vp) | ɣarab | غرب |
| nuage (m) | saḥāba (f) | سحابة |
| nuageux (adj) | meɣayem | مغيّم |
| nuée (f) | saḥābet maṭar (f) | سحابة مطر |
| sombre (adj) | meɣayem | مغيّم |
| pluie (f) | maṭar (m) | مطر |
| il pleut | el donia betmaṭṭar | الدنيا بتمطّر |
| pluvieux (adj) | momṭer | ممطر |
| bruiner (v imp) | maṭṭaret razāz | مطّرت رذاذ |
| pluie (f) torrentielle | maṭar monhamer (f) | مطر منهمر |
| averse (f) | maṭar ɣazīr (m) | مطر غزير |
| forte (la pluie ~) | ʃedīd | شديد |
| flaque (f) | berka (f) | بركة |
| se faire mouiller | ettbal | إتّبل |
| brouillard (m) | ʃabbūra (f) | شبّورة |
| brumeux (adj) | fih ʃabbūra | فيه شبّورة |
| neige (f) | talg (m) | ثلج |
| il neige | fih talg | فيه ثلج |

## 173. Les intempéries. Les catastrophes naturelles

| | | |
|---|---|---|
| orage (m) | ʿāṣefa raʿdiya (f) | عاصفة رعدية |
| éclair (m) | barʾ (m) | برق |
| éclater (foudre) | baraq | برق |
| tonnerre (m) | raʿd (m) | رعد |
| gronder (tonnerre) | dawa | دوّى |
| le tonnerre gronde | el samāʾ dawat raʿd (f) | السماء دوّت رعد |
| grêle (f) | maṭar bard (m) | مطر برد |
| il grêle | maṭṭaret bard | مطّرت برد |
| inonder (vt) | ɣamar | غمر |
| inondation (f) | fayaḍān (m) | فيضان |
| tremblement (m) de terre | zelzāl (m) | زلزال |
| secousse (f) | hazza arḍiya (f) | هزّة أرضية |
| épicentre (m) | markaz el zelzāl (m) | مركز الزلزال |
| éruption (f) | sawarān (m) | ثوّران |
| lave (f) | ḥomam borkāniya (pl) | حمم بركانية |
| tourbillon (m), tornade (f) | eʿṣār (m) | إعصار |
| typhon (m) | tyfūn (m) | طوفان |
| ouragan (m) | eʿṣār (m) | إعصار |
| tempête (f) | ʿāṣefa (f) | عاصفة |
| tsunami (m) | tsunāmy (m) | تسونامي |
| cyclone (m) | eʿṣār (m) | إعصار |
| intempéries (f pl) | ṭaʾs sayeʾ (m) | طقس سيئ |
| incendie (m) | ḥarīʾ (m) | حريق |
| catastrophe (f) | karsa (f) | كارثة |
| météorite (m) | nayzek (m) | نيّزك |
| avalanche (f) | enheyār talgy (m) | إنهيار ثلجي |
| éboulement (m) | enheyār talgy (m) | إنهيار ثلجي |
| blizzard (m) | ʿāṣefa talgiya (f) | عاصفة ثلجيّة |
| tempête (f) de neige | ʿāṣefa talgiya (f) | عاصفة ثلجيّة |

# La faune

## 174. Les mammifères. Les prédateurs

| | | |
|---|---|---|
| prédateur (m) | moftares (m) | مفترس |
| tigre (m) | nemr (m) | نمر |
| lion (m) | asad (m) | أسد |
| loup (m) | ze'b (m) | ذئب |
| renard (m) | ta'lab (m) | ثعلب |
| jaguar (m) | nemr amrīky (m) | نمر أمريكي |
| léopard (m) | fahd (m) | فهد |
| guépard (m) | fahd ṣayād (m) | فهد صيّاد |
| panthère (f) | nemr aswad (m) | نمر أسوّد |
| puma (m) | asad el gebāl (m) | أسد الجبال |
| léopard (m) de neiges | nemr el tolūg (m) | نمر الثلوج |
| lynx (m) | waʃaq (m) | وشق |
| coyote (m) | qayūṭ (m) | قيوط |
| chacal (m) | ebn 'āwy (m) | ابن آوى |
| hyène (f) | ḍeb' (m) | ضبع |

## 175. Les animaux sauvages

| | | |
|---|---|---|
| animal (m) | ḥayawān (m) | حيوان |
| bête (f) | waḥʃ (m) | وحش |
| écureuil (m) | sengāb (m) | سنجاب |
| hérisson (m) | qonfoz (m) | قنفذ |
| lièvre (m) | arnab barry (m) | أرنب برّي |
| lapin (m) | arnab (m) | أرنب |
| blaireau (m) | ɣarīr (m) | غرير |
| raton (m) | rakūn (m) | راكون |
| hamster (m) | hamster (m) | هامستر |
| marmotte (f) | marmoṭ (m) | مرموط |
| taupe (f) | χold (m) | خلد |
| souris (f) | fār (m) | فأر |
| rat (m) | gerz (m) | جرذ |
| chauve-souris (f) | χoffāʃ (m) | خفّاش |
| hermine (f) | qāqem (m) | قاقم |
| zibeline (f) | sammūr (m) | سمّور |
| martre (f) | fara'īāt (m) | فرائيات |
| belette (f) | ebn 'ers (m) | ابن عرس |
| vison (m) | mink (m) | منك |

| | | |
|---|---|---|
| castor (m) | qondos (m) | قندس |
| loutre (f) | taʿlab maya (m) | ثعلب الميّة |
| cheval (m) | ḥoṣān (m) | حصان |
| élan (m) | eyl el mūz (m) | أيّل الموظ |
| cerf (m) | ayl (m) | أيل |
| chameau (m) | gamal (m) | جمل |
| bison (m) | bison (m) | بيسون |
| aurochs (m) | byson orobby (m) | بيسون أوروبي |
| buffle (m) | gamūs (m) | جاموس |
| zèbre (m) | ḥomār waḥʃy (m) | حمار وحشي |
| antilope (f) | ẓaby (m) | ظبي |
| chevreuil (m) | yaḥmūr orobby (m) | يحمورأوروبيّ |
| biche (f) | eyl asmar orobby (m) | أيّل أسمر أوروبي |
| chamois (m) | ʃamwah (f) | شامواه |
| sanglier (m) | χenzīr barry (m) | خنزير برّي |
| baleine (f) | ḥūt (m) | حوت |
| phoque (m) | foqma (f) | فقمة |
| morse (m) | el kabʿ (m) | الكبع |
| ours (m) de mer | foqmet el farāʾ (f) | فقمة الفراء |
| dauphin (m) | dolfīn (m) | دولفين |
| ours (m) | dobb (m) | دبّ |
| ours (m) blanc | dobb ʾoṭṭby (m) | دبّ قطبي |
| panda (m) | banda (m) | باندا |
| singe (m) | ʾerd (m) | قرد |
| chimpanzé (m) | ʃimbanzy (m) | شيمبانزي |
| orang-outang (m) | orangutan (m) | أورنغوتان |
| gorille (m) | ɣorella (f) | غوريلا |
| macaque (m) | ʾerd el makāk (m) | قرد المكاك |
| gibbon (m) | gibbon (m) | جيبون |
| éléphant (m) | fīl (m) | فيل |
| rhinocéros (m) | χartīt (m) | خرتيت |
| girafe (f) | zarāfa (f) | زرافة |
| hippopotame (m) | faras el nahr (m) | فرس النهر |
| kangourou (m) | kangarū (m) | كانجارو |
| koala (m) | el koala (m) | الكوالا |
| mangouste (f) | nems (m) | نمس |
| chinchilla (m) | ʃenʃīla (f) | شنشيلة |
| mouffette (f) | ẓerbān (m) | ظربان |
| porc-épic (m) | nīṣ (m) | نيص |

## 176. Les animaux domestiques

| | | |
|---|---|---|
| chat (m) (femelle) | ʾoṭṭa (f) | قطّة |
| chat (m) (mâle) | ʾoṭṭ (m) | قطّ |
| chien (m) | kalb (m) | كلب |

| | | |
|---|---|---|
| cheval (m) | ḥoṣān (m) | حصان |
| étalon (m) | χeyl faḥl (m) | خيل فحل |
| jument (f) | faras (f) | فرس |
| vache (f) | ba'ara (f) | بقرة |
| taureau (m) | sore (m) | ثور |
| bœuf (m) | sore (m) | ثور |
| brebis (f) | χarūf (f) | خروف |
| mouton (m) | kebʃ (m) | كبش |
| chèvre (f) | me'za (f) | معزة |
| bouc (m) | mā'ez zakar (m) | ماعز ذكر |
| âne (m) | ḥomār (m) | حمار |
| mulet (m) | baɣl (m) | بغل |
| cochon (m) | χenzīr (m) | خنزير |
| pourceau (m) | χannūṣ (m) | خنّوص |
| lapin (m) | arnab (m) | أرنب |
| poule (f) | farχa (f) | فرخة |
| coq (m) | dīk (m) | ديك |
| canard (m) | baṭṭa (f) | بطّة |
| canard (m) mâle | dakar el baṭṭ (m) | ذكر البط |
| oie (f) | wezza (f) | وزّة |
| dindon (m) | dīk rūmy (m) | ديك رومي |
| dinde (f) | dīk rūmy (m) | ديك رومي |
| animaux (m pl) domestiques | ḥayawānāt dawāgen (pl) | حيوانات دواجن |
| apprivoisé (adj) | alīf | أليف |
| apprivoiser (vt) | rawweḍ | روّض |
| élever (vt) | rabba | ربّى |
| ferme (f) | mazra'a (f) | مزرعة |
| volaille (f) | dawāgen (pl) | دواجن |
| bétail (m) | māʃeya (f) | ماشية |
| troupeau (m) | qaṭee' (m) | قطيع |
| écurie (f) | esṭabl χeyl (m) | إسطبل خيل |
| porcherie (f) | ḥazīret χanazīr (f) | حظيرة الخنازير |
| vacherie (f) | zerībet el ba'ar (f) | زريبة البقر |
| cabane (f) à lapins | qan el arāneb (m) | قن الأرانب |
| poulailler (m) | qan el ferāχ (m) | قن الفراخ |

## 177. Le chien. Les races

| | | |
|---|---|---|
| chien (m) | kalb (m) | كلب |
| berger (m) | kalb rā'y (m) | كلب رعي |
| berger (m) allemand | kalb rā'y almāny (m) | كلب راعي ألمانيّ |
| caniche (f) | būdle (m) | بودل |
| teckel (m) | daʃhund (m) | داشهند |
| bouledogue (m) | bulldog (m) | بولدوج |

| | | |
|---|---|---|
| boxer (m) | bokser (m) | بوكسر |
| mastiff (m) | mastiff (m) | ماستيف |
| rottweiler (m) | rottfeyler (m) | روت فايلر |
| doberman (m) | doberman (m) | دوبرمان |
| basset (m) | basset (m) | باسيت |
| bobtail (m) | bobtayl (m) | بوبتيل |
| dalmatien (m) | delmāṭy (m) | دلماطي |
| cocker (m) | kokker spaniel (m) | كوكر سبانييل |
| terre-neuve (m) | nyu faundland (m) | نيوفاوندلاند |
| saint-bernard (m) | sant bernard (m) | سانت بيرنارد |
| husky (m) | hasky (m) | هاسكي |
| chow-chow (m) | tʃaw tʃaw (m) | تشاوتشاو |
| spitz (m) | esbitz (m) | إسبتز |
| carlin (m) | bug (m) | بج |

## 178. Les cris des animaux

| | | |
|---|---|---|
| aboiement (m) | nebāḥ (m) | نباح |
| aboyer (vi) | nabaḥ | نبح |
| miauler (vi) | mawmaw | مومو |
| ronronner (vi) | χarχar | خرخر |
| meugler (vi) | χār | خار |
| beugler (taureau) | χār | خار |
| rugir (chien) | damdam | دمدم |
| hurlement (m) | ʿawāʾ (m) | عواء |
| hurler (loup) | ʿawa | عوى |
| geindre (vi) | ann | أنّ |
| bêler (vi) | maʾmaʾ | مأمأ |
| grogner (cochon) | qabaʿ | قبع |
| glapir (cochon) | qabaʿ | قبع |
| coasser (vi) | naʾʾ | نقّ |
| bourdonner (vi) | ṭann | طنّ |
| striduler (vi) | ʿarʿar | عرعر |

## 179. Les oiseaux

| | | |
|---|---|---|
| oiseau (m) | ṭāʾer (m) | طائر |
| pigeon (m) | ḥamāma (f) | حمامة |
| moineau (m) | ʿaṣfūr dawri (m) | عصفور دوري |
| mésange (f) | qarqaf (m) | قرقف |
| pie (f) | ʿaʾʿaʾ (m) | عقعق |
| corbeau (m) | ɣorāb aswad (m) | غراب أسود |
| corneille (f) | ɣorāb (m) | غراب |
| choucas (m) | zāɣ zarʿy (m) | زاغ زرعي |

| | | |
|---|---|---|
| freux (m) | ɣorāb el qeyẓ (m) | غراب القيظ |
| canard (m) | baṭṭa (f) | بطّة |
| oie (f) | wezza (f) | وزّة |
| faisan (m) | tadarrog (m) | تدرج |
| aigle (m) | ʿeqāb (m) | عقاب |
| épervier (m) | el bāz (m) | الباز |
| faucon (m) | ṣaʾr (m) | صقر |
| vautour (m) | nesr (m) | نسر |
| condor (m) | kondor (m) | كندور |
| cygne (m) | el temm (m) | التمّ |
| grue (f) | karkiya (m) | كركية |
| cigogne (f) | loqloq (m) | لقلق |
| perroquet (m) | babaɣāʾ (m) | ببغاء |
| colibri (m) | ṭannān (m) | طنّان |
| paon (m) | ṭawūs (m) | طاووس |
| autruche (f) | naʿāma (f) | نعامة |
| héron (m) | belʃone (m) | بلشون |
| flamant (m) | flamingo (m) | فلامينجو |
| pélican (m) | bagʿa (f) | بجعة |
| rossignol (m) | ʿandalīb (m) | عندليب |
| hirondelle (f) | el sonūnū (m) | السنونو |
| merle (m) | somnet el ḥoqūl (m) | سمنة الحقول |
| grive (f) | somna moɣarreda (m) | سمنة مغرّدة |
| merle (m) noir | ʃaḥrūr aswad (m) | شحرور أسود |
| martinet (m) | semmāma (m) | سمّامة |
| alouette (f) des champs | qabra (f) | قبرة |
| caille (f) | semmān (m) | سمّان |
| pivert (m) | naʾār el χaʃab (m) | نقار الخشب |
| coucou (m) | weqwāq (m) | وقواق |
| chouette (f) | būma (f) | بومة |
| hibou (m) | būm orāsy (m) | بوم أوراسي |
| tétras (m) | dīk el χalang (m) | ديك الخلنج |
| tétras-lyre (m) | ṭyhūg aswad (m) | طيهوج أسوّد |
| perdrix (f) | el ḥagal (m) | الحجل |
| étourneau (m) | zerzūr (m) | زرزور |
| canari (m) | kanāry (m) | كناري |
| gélinotte (f) des bois | ṭyhūg el bondoʾ (m) | طيهوج البندق |
| pinson (m) | ʃarʃūr (m) | شرشور |
| bouvreuil (m) | deɣnāʃ (m) | دغناش |
| mouette (f) | nawras (m) | نورس |
| albatros (m) | el qoṭros (m) | القطرس |
| pingouin (m) | beṭrīq (m) | بطريق |

## 180. Les oiseaux. Le chant, les cris

| | | |
|---|---|---|
| chanter (vi) | ɣanna | غنّى |
| crier (vi) | nāda | نادى |
| chanter (le coq) | ṣāḥ | صاح |
| cocorico (m) | kokokūko | كوكوكوكو |
| glousser (vi) | kāky | كاكي |
| croasser (vi) | naʿaq | نعق |
| cancaner (vi) | baṭbaṭ | بطبط |
| piauler (vi) | ṣawṣaw | صوّصوّ |
| pépier (vi) | zaʾzaʾ | زقزق |

## 181. Les poissons. Les animaux marins

| | | |
|---|---|---|
| brème (f) | abramīs (m) | أبراميس |
| carpe (f) | ʃabbūṭ (m) | شبّوط |
| perche (f) | farχ (m) | فرخ |
| silure (m) | ʾarmūṭ (m) | قرموط |
| brochet (m) | karāky (m) | كراكي |
| saumon (m) | salamon (m) | سلمون |
| esturgeon (m) | ḥafʃ (m) | حفش |
| hareng (m) | renga (f) | رنجة |
| saumon (m) atlantique | salamon aṭlasy (m) | سلمون أطلسي |
| maquereau (m) | makerel (m) | ماكريل |
| flet (m) | samak mefalṭah (f) | سمك مفلطح |
| sandre (f) | samak sandar (m) | سمك سندر |
| morue (f) | el qadd (m) | القد |
| thon (m) | tuna (f) | تونة |
| truite (f) | salamon meraʾʾaṭ (m) | سلمون مرقّط |
| anguille (f) | ḥankalīs (m) | حنكليس |
| torpille (f) | raʿād (m) | رعاد |
| murène (f) | moraya (f) | موراييّة |
| piranha (m) | bīrana (f) | بيرانا |
| requin (m) | ʾerʃ (m) | قرش |
| dauphin (m) | dolfīn (m) | دولفين |
| baleine (f) | ḥūt (m) | حوت |
| crabe (m) | kaboria (m) | كابوريا |
| méduse (f) | ʾandīl el baḥr (m) | قنديل البحر |
| pieuvre (f), poulpe (m) | aχṭabūṭ (m) | أخطبوط |
| étoile (f) de mer | negmet el baḥr (f) | نجمة البحر |
| oursin (m) | qonfoz el baḥr (m) | قنفذ البحر |
| hippocampe (m) | ḥoṣān el baḥr (m) | حصان البحر |
| huître (f) | maḥār (m) | محار |
| crevette (f) | gammbary (m) | جمّبري |

| | | |
|---|---|---|
| homard (m) | estakoza (f) | استكوزا |
| langoustine (f) | estakoza (m) | استاكوزا |

## 182. Les amphibiens. Les reptiles

| | | |
|---|---|---|
| serpent (m) | teʿbān (m) | ثعبان |
| venimeux (adj) | sām | سام |
| vipère (f) | afʿa (f) | أفعى |
| cobra (m) | kobra (m) | كوبرا |
| python (m) | teʿbān byton (m) | ثعبان بايثون |
| boa (m) | bawāʾ el ʿaṣera (f) | بواء العاصرة |
| couleuvre (f) | teʿbān el ʿoʃb (m) | ثعبان العشب |
| serpent (m) à sonnettes | afʿa megalgela (f) | أفعى مجلجلة |
| anaconda (m) | anakonda (f) | أناكوندا |
| lézard (m) | seḥliya (f) | سحليّة |
| iguane (m) | eɣwana (f) | إغوانة |
| varan (m) | warl (m) | ورل |
| salamandre (f) | salamander (m) | سلمندر |
| caméléon (m) | ḥerbāya (f) | حرباية |
| scorpion (m) | ʿaʾrab (m) | عقرب |
| tortue (f) | solḥefah (f) | سلحفاة |
| grenouille (f) | ḍeffḍaʿ (m) | ضفدع |
| crapaud (m) | ḍeffḍaʿ el ṭeyn (m) | ضفدع الطين |
| crocodile (m) | temsāḥ (m) | تمساح |

## 183. Les insectes

| | | |
|---|---|---|
| insecte (m) | ḥaʃara (f) | حشرة |
| papillon (m) | farāʃa (f) | فراشة |
| fourmi (f) | namla (f) | نملة |
| mouche (f) | debbāna (f) | دبّانة |
| moustique (m) | namūsa (f) | ناموسة |
| scarabée (m) | χonfesa (f) | خنفسة |
| guêpe (f) | dabbūr (m) | دبّور |
| abeille (f) | naḥla (f) | نحلة |
| bourdon (m) | naḥla ṭannāna (f) | نحلة طنّانة |
| œstre (m) | naʿra (f) | نعرة |
| araignée (f) | ʿankabūt (m) | عنكبوت |
| toile (f) d'araignée | nasīg ʿankabūt (m) | نسيج عنكبوت |
| libellule (f) | yaʿsūb (m) | يعسوب |
| sauterelle (f) | garād (m) | جراد |
| papillon (m) | ʿetta (f) | عثّة |
| cafard (m) | ṣarṣūr (m) | صرصور |
| tique (f) | qarāda (f) | قرادة |

| | | |
|---|---|---|
| puce (f) | barɣūt (m) | برغوث |
| moucheron (m) | ba'ūḍa (f) | بعوضة |
| criquet (m) | garād (m) | جراد |
| escargot (m) | ḥalazōn (m) | حلزون |
| grillon (m) | ṣarṣūr el ḥaql (m) | صرصور الحقل |
| luciole (f) | yarāʿa (f) | يراعة |
| coccinelle (f) | χonfesa menaʾṭṭa (f) | خنفسة منقّطة |
| hanneton (m) | χonfesa motlefa lel nabāt (f) | خنفسة متلفة للنبات |
| sangsue (f) | ʿalaqa (f) | علقة |
| chenille (f) | yasrūʿ (m) | يسروع |
| ver (m) | dūda (f) | دودة |
| larve (f) | yaraqa (f) | يرقة |

## 184. Les parties du corps des animaux

| | | |
|---|---|---|
| bec (m) | monqār (m) | منقار |
| ailes (f pl) | agneḥa (pl) | أجنحة |
| patte (f) | regl (f) | رجل |
| plumage (m) | rīʃ (m) | ريش |
| plume (f) | rīʃa (f) | ريشة |
| houppe (f) | ʿorf el dīk (m) | عرف الديك |
| ouïes (f pl) | χāyaʃīm (pl) | خياشيم |
| œufs (m pl) | beyḍ el samak (pl) | بيض السمك |
| larve (f) | yaraqa (f) | يرقة |
| nageoire (f) | zaʿnafa (f) | زعنفة |
| écaille (f) | ḥarāfeʃ (pl) | حرافش |
| croc (m) | nāb (m) | ناب |
| patte (f) | yad (f) | يد |
| museau (m) | χaṭm (m) | خطم |
| gueule (f) | boʾ (m) | بوء |
| queue (f) | deyl (m) | ذيل |
| moustaches (f pl) | ʃawāreb (pl) | شوارب |
| sabot (m) | ḥāfer (m) | حافر |
| corne (f) | ʾarn (m) | قرن |
| carapace (f) | derʿ (m) | درع |
| coquillage (m) | maḥāra (f) | محارة |
| coquille (f) d'œuf | ʾeʃret beyḍa (f) | قشرة بيضة |
| poil (m) | ʃaʿr (m) | شعر |
| peau (f) | geld (m) | جلد |

## 185. Les habitats des animaux

| | | |
|---|---|---|
| habitat (m) naturel | mawṭen (m) | موّطن |
| migration (f) | hegra (f) | هجرة |
| montagne (f) | gabal (m) | جبل |

| | | |
|---|---|---|
| récif (m) | ʃo'āb (pl) | شعاب |
| rocher (m) | garf (m) | جرف |
| forêt (f) | ɣāba (f) | غابة |
| jungle (f) | adɣāl (pl) | أدغال |
| savane (f) | savanna (f) | سافانّا |
| toundra (f) | tundra (f) | تندرا |
| steppe (f) | barāry (pl) | براري |
| désert (m) | ṣaḥra' (f) | صحراء |
| oasis (f) | wāḥa (f) | واحة |
| mer (f) | baḥr (m) | بحر |
| lac (m) | boḥeyra (f) | بحيرة |
| océan (m) | moḥīṭ (m) | محيط |
| marais (m) | mostanqa' (m) | مستنقع |
| d'eau douce (adj) | maya 'azba | ميّة عذبة |
| étang (m) | berka (f) | بركة |
| rivière (f), fleuve (m) | nahr (m) | نهر |
| tanière (f) | wekr (m) | وكر |
| nid (m) | 'eʃ (m) | عشّ |
| creux (m) | gofe (m) | جوف |
| terrier (m) (~ d'un renard) | goḥr (m) | جحر |
| fourmilière (f) | 'eʃ naml (m) | عش نمل |

# La flore

## 186. Les arbres

| | | |
|---|---|---|
| arbre (m) | ʃagara (f) | شجرة |
| à feuilles caduques | nafḍiya | نفضيّة |
| conifère (adj) | ṣonoberiya | صنوبرية |
| à feuilles persistantes | dā'emet el χoḍra | دائمة الخضرة |
| pommier (m) | ʃagaret toffāḥ (f) | شجرة تفّاح |
| poirier (m) | ʃagaret komettra (f) | شجرة كمثّرى |
| merisier (m), cerisier (m) | ʃagaret karaz (f) | شجرة كرز |
| prunier (m) | ʃagaret bar'ū' (f) | شجرة برقوق |
| bouleau (m) | batola (f) | بتولا |
| chêne (m) | ballūṭ (f) | بلّوط |
| tilleul (m) | zayzafūn (f) | زيزفون |
| tremble (m) | ḥūr rāgef | حور راجف |
| érable (m) | qayqab (f) | قيقب |
| épicéa (m) | rateng (f) | راتينج |
| pin (m) | ṣonober (f) | صنوبر |
| mélèze (m) | arziya (f) | أرزية |
| sapin (m) | tanūb (f) | تنوب |
| cèdre (m) | el orz (f) | الأرز |
| peuplier (m) | ḥūr (f) | حور |
| sorbier (m) | ɣobayrā' (f) | غبيراء |
| saule (m) | ṣefsāf (f) | صفصاف |
| aune (m) | gār el mā' (m) | جار الماء |
| hêtre (m) | el zān (f) | الزان |
| orme (m) | derdar (f) | دردار |
| frêne (m) | marān (f) | مران |
| marronnier (m) | kastanā' (f) | كستناء |
| magnolia (m) | maɣnolia (f) | ماغنوليا |
| palmier (m) | naχla (f) | نخلة |
| cyprès (m) | el soro (f) | السرو |
| palétuvier (m) | mangrūf (f) | مانجروف |
| baobab (m) | baobab (f) | باوباب |
| eucalyptus (m) | eukalyptus (f) | أوكالبتوس |
| séquoia (m) | sequoia (f) | سيكويا |

## 187. Les arbustes

| | | |
|---|---|---|
| buisson (m) | ʃogeyra (f) | شجيرة |
| arbrisseau (m) | ʃogayrāt (pl) | شجيرات |

| | | |
|---|---|---|
| vigne (f) | karma (f) | كرمة |
| vigne (f) (vignoble) | karam (m) | كرم |
| framboise (f) | zar'et tūt el 'alī' el aḥmar (f) | زرعة توت العليق الأحمر |
| groseille (f) rouge | keʃmeʃ aḥmar (m) | كشمش أحمر |
| groseille (f) verte | 'enab el sa'lab (m) | عنب الثعلب |
| acacia (m) | aqaqia (f) | أقاقيا |
| berbéris (m) | berbarīs (m) | بربارس |
| jasmin (m) | yasmīn (m) | ياسمين |
| genévrier (m) | 'ar'ar (m) | عرعر |
| rosier (m) | ʃogeyret ward (f) | شجيرة ورد |
| églantier (m) | ward el seyāg (pl) | ورد السياج |

## 188. Les champignons

| | | |
|---|---|---|
| champignon (m) | feṭr (f) | فطر |
| champignon (m) comestible | feṭr ṣāleḥ lel akl (m) | فطر صالح للأكل |
| champignon (m) vénéneux | feṭr sām (m) | فطر سام |
| chapeau (m) | ṭarbūʃ el feṭr (m) | طربوش الفطر |
| pied (m) | sāq el feṭr (m) | ساق الفطر |
| cèpe (m) | feṭr boleṭe ma'kūl (m) | فطر بوليط مأكول |
| bolet (m) orangé | feṭr aḥmar (m) | فطر أحمر |
| bolet (m) bai | feṭr boleṭe (m) | فطر بوليط |
| girolle (f) | feṭr el ʃanterel (m) | فطر الشانتريل |
| russule (f) | feṭr russula (m) | فطر روسولا |
| morille (f) | feṭr el ɣoʃna (m) | فطر الغوشنة |
| amanite (f) tue-mouches | feṭr amanīt el ṭā'er (m) | فطر أمانيت الطائر |
| oronge (f) verte | feṭr amanīt falusyāny el sām (m) | فطر أمانيت فالوسياني السام |

## 189. Les fruits. Les baies

| | | |
|---|---|---|
| fruit (m) | tamra (f) | تمرة |
| fruits (m pl) | tamr (m) | تمر |
| pomme (f) | toffāḥa (f) | تفّاحة |
| poire (f) | komettra (f) | كمّثرى |
| prune (f) | bar'ū' (m) | برقوق |
| fraise (f) | farawla (f) | فراولة |
| merise (f), cerise (f) | karaz (m) | كرز |
| raisin (m) | 'enab (m) | عنب |
| framboise (f) | tūt el 'alī' el aḥmar (m) | توت العليق الأحمر |
| cassis (m) | keʃmeʃ aswad (m) | كشمش أسود |
| groseille (f) rouge | keʃmeʃ aḥmar (m) | كشمش أحمر |
| groseille (f) verte | 'enab el sa'lab (m) | عنب الثعلب |
| canneberge (f) | 'enabiya ḥāda el ɣebā' (m) | عنبية حادة الخباء |
| orange (f) | bortoqāl (m) | برتقال |

| | | |
|---|---|---|
| mandarine (f) | yosfy (m) | يوسفي |
| ananas (m) | ananās (m) | أناناس |
| banane (f) | moze (m) | موز |
| datte (f) | tamr (m) | تمر |
| citron (m) | lymūn (m) | ليمون |
| abricot (m) | meʃmeʃ (f) | مشمش |
| pêche (f) | χawχa (f) | خوخة |
| kiwi (m) | kiwi (m) | كيوي |
| pamplemousse (m) | grabe frūt (m) | جريب فروت |
| baie (f) | tūt (m) | توت |
| baies (f pl) | tūt (pl) | توت |
| airelle (f) rouge | ʿenab el sore (m) | عنب الثور |
| fraise (f) des bois | farawla barriya (f) | فراولة برّيّة |
| myrtille (f) | ʿenab al aḥrāg (m) | عنب الأحراج |

## 190. Les fleurs. Les plantes

| | | |
|---|---|---|
| fleur (f) | zahra (f) | زهرة |
| bouquet (m) | bokeyh (f) | بوكيه |
| rose (f) | warda (f) | وردة |
| tulipe (f) | tolīb (f) | توليب |
| oeillet (m) | ʾoronfol (m) | قرنفل |
| glaïeul (m) | el dalbūs (f) | الدَلَبُوث |
| bleuet (m) | qanṭeryūn ʿanbary (m) | قنطريون عنبري |
| campanule (f) | garīs mostadīr el awrāʾ (m) | جريس مستدير الأوراق |
| dent-de-lion (f) | handabāʾ (f) | هندباء |
| marguerite (f) | kamomile (f) | كاموميل |
| aloès (m) | el alowa (m) | الألوّة |
| cactus (m) | ṣabbār (m) | صبّار |
| ficus (m) | faykas (m) | فيكس |
| lis (m) | zanbaq (f) | زنبق |
| géranium (m) | ɣarnūqy (f) | غرنوقي |
| jacinthe (f) | el lavender (f) | اللافندر |
| mimosa (m) | mimoza (f) | ميموزا |
| jonquille (f) | nerges (f) | نرجس |
| capucine (f) | abo χangar (f) | أبو خنجر |
| orchidée (f) | orkid (f) | أوركيد |
| pivoine (f) | fawnia (f) | فاوانيا |
| violette (f) | el banafseg (f) | البنفسج |
| pensée (f) | bansy (f) | بانسي |
| myosotis (m) | ʾāzān el faʾr (pl) | آذان الفأر |
| pâquerette (f) | aqwaḥān (f) | أقحوان |
| coquelicot (m) | el χoʃχāʃ (f) | الخشخاش |
| chanvre (m) | qanb (m) | قنب |

| | | |
|---|---|---|
| menthe (f) | ne'nā' (m) | نعناع |
| muguet (m) | zanbaq el wādy (f) | زنبق الوادي |
| perce-neige (f) | zahrat el laban (f) | زهرة اللبن |
| ortie (f) | 'arrāṣ (m) | قرّاص |
| oseille (f) | ḥammāḍ bostāny (m) | حمّاض بستاني |
| nénuphar (m) | niloferiya (f) | نيلوفرية |
| fougère (f) | sarχas (m) | سرخس |
| lichen (m) | aʃna (f) | أشنة |
| serre (f) tropicale | ṣoba (f) | صوبة |
| gazon (m) | 'oʃb aχḍar (m) | عشب أخضر |
| parterre (m) de fleurs | geneynet zohūr (f) | جنينة زهور |
| plante (f) | nabāt (m) | نبات |
| herbe (f) | 'oʃb (m) | عشب |
| brin (m) d'herbe | 'oʃba (f) | عشبة |
| feuille (f) | wara'a (f) | ورقة |
| pétale (m) | wara'et el zahra (f) | ورقة الزهرة |
| tige (f) | sāq (f) | ساق |
| tubercule (m) | darna (f) | درنة |
| pousse (f) | nabta saɣīra (f) | نبتة صغيرة |
| épine (f) | ʃawka (f) | شوكة |
| fleurir (vi) | fattaḥet | فتّحت |
| se faner (vp) | debel | ذبل |
| odeur (f) | rīḥa (f) | ريحة |
| couper (vt) | 'aṭa' | قطع |
| cueillir (fleurs) | 'aṭaf | قطف |

## 191. Les céréales

| | | |
|---|---|---|
| grains (m pl) | ḥobūb (pl) | حبوب |
| céréales (f pl) (plantes) | maḥaṣīl el ḥubūb (pl) | محاصيل الحبوب |
| épi (m) | sonbola (f) | سنبلة |
| blé (m) | 'amḥ (m) | قمح |
| seigle (m) | ʃelm mazrū' (m) | شيلم مزروع |
| avoine (f) | ʃofān (m) | شوفان |
| millet (m) | el deχn (m) | الدُخن |
| orge (f) | ʃe'īr (m) | شعير |
| maïs (m) | dora (f) | ذرة |
| riz (m) | rozz (m) | رزّ |
| sarrasin (m) | ḥanṭa soda' (f) | حنطة سوداء |
| pois (m) | besella (f) | بسلّة |
| haricot (m) | faṣolya (f) | فاصوليا |
| soja (m) | fūl el ṣoya (m) | فول الصويا |
| lentille (f) | 'ads (m) | عدس |
| fèves (f pl) | fūl (m) | فول |

# LA GÉOGRAPHIE RÉGIONALE

## Les pays du monde. Les nationalités

### 192. La politique. Le gouvernement. Partie 1

| | | |
|---|---|---|
| politique (f) | seyāsa (f) | سياسة |
| politique (adj) | seyāsy | سياسي |
| homme (m) politique | seyāsy (m) | سياسي |
| état (m) | dawla (f) | دولة |
| citoyen (m) | mowāṭen (m) | مواطن |
| citoyenneté (f) | mewaṭna (f) | مواطنة |
| armoiries (f pl) nationales | ʃeʿār waṭany (m) | شعار وطني |
| hymne (m) national | naʃīd waṭany (m) | نشيد وطني |
| gouvernement (m) | ḥokūma (f) | حكومة |
| chef (m) d'état | raʾs el dawla (m) | رأس الدولة |
| parlement (m) | barlamān (m) | برلمان |
| parti (m) | ḥezb (m) | حزب |
| capitalisme (m) | raʾsmaliya (f) | رأسماليّة |
| capitaliste (adj) | raʾsmāly | رأسمالي |
| socialisme (m) | eʃterakiya (f) | إشتراكيّة |
| socialiste (adj) | eʃterāky | إشتراكي |
| communisme (m) | ʃeyūʿiya (f) | شيوعيّة |
| communiste (adj) | ʃeyūʿy | شيوعي |
| communiste (m) | ʃeyūʿy (m) | شيوعي |
| démocratie (f) | dīmoqraṭiya (f) | ديموقراطيّة |
| démocrate (m) | demoqrāṭy (m) | ديموقراطي |
| démocratique (adj) | demoqrāṭy | ديموقراطي |
| parti (m) démocratique | el ḥezb el demokrāṭy (m) | الحزب الديموقراطي |
| libéral (m) | librāly (m) | ليبرالي |
| libéral (adj) | librāly | ليبرالي |
| conservateur (m) | moḥāfeẓ (m) | محافظ |
| conservateur (adj) | moḥāfeẓ | محافظ |
| république (f) | gomhoriya (f) | جمهورية |
| républicain (m) | gomhūry (m) | جمهوري |
| parti (m) républicain | el ḥezb el gomhūry (m) | الحزب الجمهوري |
| élections (f pl) | entaχabāt (pl) | إنتخابات |
| élire (vt) | entaχab | إنتخب |
| électeur (m) | nāχeb (m) | ناخب |

| | | |
|---|---|---|
| campagne (f) électorale | ḥamla enteχabiya (f) | حملة إنتخابيّة |
| vote (m) | taṣwīt (m) | تصويت |
| voter (vi) | ṣawwat | صوّت |
| droit (m) de vote | ḥa' el enteχāb (m) | حق الإنتخاب |
| candidat (m) | morasʃaḥ (m) | مرشّح |
| poser sa candidature | rasʃaḥ nafsoh | رشّح نفسه |
| campagne (f) | ḥamla (f) | حملة |
| d'opposition (adj) | mo'āreḍ | معارض |
| opposition (f) | mo'arḍa (f) | معارضة |
| visite (f) | zeyāra (f) | زيارة |
| visite (f) officielle | zeyāra rasmiya (f) | زيارة رسميّة |
| international (adj) | dawly | دوّلي |
| négociations (f pl) | mofawḍāt (pl) | مفاوضات |
| négocier (vi) | tafāwaḍ | تفاوض |

## 193. La politique. Le gouvernement. Partie 2

| | | |
|---|---|---|
| société (f) | mogtama' (m) | مجتمع |
| constitution (f) | dostūr (m) | دستور |
| pouvoir (m) | solṭa (f) | سلطة |
| corruption (f) | fasād (m) | فساد |
| loi (f) | qanūn (m) | قانون |
| légal (adj) | qanūny | قانوني |
| justice (f) | 'adāla (f) | عدالة |
| juste (adj) | 'ādel | عادل |
| comité (m) | lagna (f) | لجنة |
| projet (m) de loi | maʃrū' qanūn (m) | مشروع قانون |
| budget (m) | mowazna (f) | موازنة |
| politique (f) | seyāsa (f) | سياسة |
| réforme (f) | eṣlāḥ (m) | إصلاح |
| radical (adj) | oṣūly | أصولي |
| puissance (f) | 'owwa (f) | قوّة |
| puissant (adj) | 'awy | قوّي |
| partisan (m) | mo'ayed (m) | مؤيد |
| influence (f) | ta'sīr (m) | تأثير |
| régime (m) | nezām ḥokm (m) | نظام حكم |
| conflit (m) | χelāf (m) | خلاف |
| complot (m) | mo'amra (f) | مؤامرة |
| provocation (f) | estefzāz (m) | إستفزاز |
| renverser (le régime) | asqaṭ | أسقط |
| renversement (m) | esqāṭ (m) | إسقاط |
| révolution (f) | sawra (f) | ثوّرة |
| coup (m) d'État | enqelāb (m) | إنقلاب |
| coup (m) d'État militaire | enqelāb 'askary (m) | إنقلاب عسكري |

| | | |
|---|---|---|
| crise (f) | azma (f) | أزمة |
| baisse (f) économique | rokūd eqteṣādy (m) | ركود إقتصادي |
| manifestant (m) | motaẓāher (m) | متظاهر |
| manifestation (f) | mozahra (f) | مظاهرة |
| loi (f) martiale | ḥokm ʿorfy (m) | حكم عرفي |
| base (f) militaire | qaʿeda ʿaskariya (f) | قاعدة عسكريّة |
| stabilité (f) | esteqrār (m) | إستقرار |
| stable (adj) | mostaqerr | مستقرّ |
| exploitation (f) | esteɣlāl (m) | إستغلال |
| exploiter (vt) | estaɣall | إستغلّ |
| racisme (m) | ʿonṣoriya (f) | عنصريّة |
| raciste (m) | ʿonṣory (m) | عنصري |
| fascisme (m) | faʃiya (f) | فاشيّة |
| fasciste (m) | fāʃy (m) | فاشي |

## 194. Les différents pays du monde. Divers

| | | |
|---|---|---|
| étranger (m) | agnaby (m) | أجنبي |
| étranger (adj) | agnaby | أجنبي |
| à l'étranger (adv) | fel χāreg | في الخارج |
| émigré (m) | mohāger (m) | مهاجر |
| émigration (f) | hegra (f) | هجرة |
| émigrer (vi) | hāgar | هاجر |
| Ouest (m) | el ɣarb (m) | الغرب |
| Est (m) | el ʃarʾ (m) | الشرق |
| Extrême Orient (m) | el ʃarʾ el aqṣa (m) | الشرق الأقصى |
| civilisation (f) | ḥaḍāra (f) | حضارة |
| humanité (f) | el baʃariya (f) | البشريّة |
| monde (m) | el ʿālam (m) | العالم |
| paix (f) | salām (m) | سلام |
| mondial (adj) | ʿālamy | عالمي |
| patrie (f) | waṭan (m) | وطن |
| peuple (m) | ʃaʿb (m) | شعب |
| population (f) | sokkān (pl) | سكّان |
| gens (m pl) | nās (pl) | ناس |
| nation (f) | omma (f) | أمّة |
| génération (f) | gīl (m) | جيل |
| territoire (m) | arḍ (f) | أرض |
| région (f) | manteʾa (f) | منطقة |
| état (m) (partie du pays) | welāya (f) | ولاية |
| tradition (f) | taʾlīd (m) | تقليد |
| coutume (f) | ʿāda (f) | عادة |
| écologie (f) | ʿelm el bīʾa (m) | علم البيئة |
| indien (m) | hendy aḥmar (m) | هندي أحمر |
| bohémien (m) | ɣagary (m) | غجري |

| | | |
|---|---|---|
| bohémienne (f) | ɣagariya (f) | غجريّة |
| bohémien (adj) | ɣagary | غجري |
| | | |
| empire (m) | embraṭoriya (f) | إمبراطورية |
| colonie (f) | mostaʿmara (f) | مستعمرة |
| esclavage (m) | ʿobūdiya (f) | عبودية |
| invasion (f) | ɣazw (m) | غزو |
| famine (f) | magāʿa (f) | مجاعة |

## 195. Les groupes religieux. Les confessions

| | | |
|---|---|---|
| religion (f) | dīn (m) | دين |
| religieux (adj) | dīny | ديني |
| | | |
| foi (f) | emān (m) | إيمان |
| croire (en Dieu) | aman | أمن |
| croyant (m) | moʾmen (m) | مؤمن |
| | | |
| athéisme (m) | el elḥād (m) | الإلحاد |
| athée (m) | molḥed (m) | ملحد |
| | | |
| christianisme (m) | el masīḥiya (f) | المسيحيّة |
| chrétien (m) | mesīḥy (m) | مسيحي |
| chrétien (adj) | mesīḥy | مسيحي |
| | | |
| catholicisme (m) | el kasolekiya (f) | الكاثوليكيّة |
| catholique (m) | kasolīky (m) | كاثوليكي |
| catholique (adj) | kasolīky | كاثوليكي |
| | | |
| protestantisme (m) | brotestantiya (f) | بروتستانتية |
| Église (f) protestante | el kenīsa el brotestantiya (f) | الكنيسة البروتستانتية |
| protestant (m) | brotestanty (m) | بروتستانتي |
| | | |
| Orthodoxie (f) | orsozeksiya (f) | الأرثوذكسيّة |
| Église (f) orthodoxe | el kenīsa el orsozeksiya (f) | الكنيسة الأرثوذكسيّة |
| orthodoxe (m) | arsazoksy (m) | أرثوذكسي |
| | | |
| Presbytérianisme (m) | maʃīχiya (f) | مشيخية |
| Église (f) presbytérienne | el kenīsa el maʃīχiya (f) | الكنيسة المشيخية |
| presbytérien (m) | maʃīχiya (f) | مشيخية |
| | | |
| Église (f) luthérienne | el luseriya (f) | اللوثرية |
| luthérien (m) | luterriya (m) | لوثرية |
| | | |
| Baptisme (m) | el kenīsa el meʿmedaniya (f) | الكنيسة المعمدانية |
| baptiste (m) | meʿmedāny (m) | معمداني |
| | | |
| Église (f) anglicane | el kenīsa el anʒlekaniya (f) | الكنيسة الإنجليكانية |
| anglican (m) | enʒelikāny (m) | أنجليكاني |
| Mormonisme (m) | el moromoniya (f) | المورمونية |
| mormon (m) | mesīḥy mormōn (m) | مسيحي مرمون |
| | | |
| judaïsme (m) | el yahūdiya (f) | اليهودية |
| juif (m) | yahūdy (m) | يهودي |

| | | |
|---|---|---|
| Bouddhisme (m) | el būziya (f) | البوذية |
| bouddhiste (m) | būzy (m) | بوذي |
| hindouisme (m) | el hindūsiya (f) | الهندوسية |
| hindouiste (m) | hendūsy (m) | هندوسي |
| islam (m) | el islām (m) | الإسلام |
| musulman (m) | muslim (m) | مسلم |
| musulman (adj) | islāmy | إسلامي |
| Chiisme (m) | el mazhab el ʃee'y (m) | المذهب الشيعي |
| chiite (m) | ʃee'y (m) | شيعي |
| Sunnisme (m) | el mazhab el sunny (m) | المذهب السنّي |
| sunnite (m) | sunni (m) | سنّي |

## 196. Les principales religions. Le clergé

| | | |
|---|---|---|
| prêtre (m) | kāhen (m) | كاهن |
| Pape (m) | el bāba (m) | البابا |
| moine (m) | rāheb (m) | راهب |
| bonne sœur (f) | rāheba (f) | راهبة |
| pasteur (m) | 'essīs (m) | قسّيس |
| abbé (m) | ra'īs el deyr (m) | رئيس الدير |
| vicaire (m) | viqār (m) | فيقار |
| évêque (m) | asqof (m) | أسقف |
| cardinal (m) | kardinal (m) | كاردينال |
| prédicateur (m) | mobasʃer (m) | مبشّر |
| sermon (m) | tabʃīr (f) | تبشير |
| paroissiens (m pl) | ra'yet el abraʃiya (f) | رعية الأبرشية |
| croyant (m) | mo'men (m) | مؤمن |
| athée (m) | molḥed (m) | ملحد |

## 197. La foi. Le Christianisme. L'Islam

| | | |
|---|---|---|
| Adam | 'ādam (m) | آدم |
| Ève | ḥawwā' (f) | حوّاء |
| Dieu (m) | allah (m) | الله |
| le Seigneur | el rabb (m) | الربّ |
| le Tout-Puissant | el qadīr (m) | القدير |
| péché (m) | zanb (m) | ذنب |
| pécher (vi) | aznab | أذنب |
| pécheur (m) | mozneb (m) | مذنب |
| pécheresse (f) | mozneba (f) | مذنبة |
| enfer (m) | el gaḥīm (f) | الجحيم |
| paradis (m) | el ganna (f) | الجنّة |

| | | |
|---|---|---|
| Jésus | yasū' (m) | يسوع |
| Jésus Christ | yasū' el masīḥ (m) | يسوع المسيح |
| le Saint-Esprit | el rūḥ el qods (m) | الروح القدس |
| le Sauveur | el masīḥ (m) | المسيح |
| la Sainte Vierge | maryem el 'azrā' (f) | مريم العذراء |
| le Diable | el ʃayṭān (m) | الشيطان |
| diabolique (adj) | ʃeyṭāny | شيطاني |
| Satan | el ʃayṭān (m) | الشيطان |
| satanique (adj) | ʃeyṭāny | شيطاني |
| ange (m) | malāk (m) | ملاك |
| ange (m) gardien | malāk ḥāres (m) | ملاك حارس |
| angélique (adj) | malā'eky | ملائكي |
| apôtre (m) | rasūl (m) | رسول |
| archange (m) | el malāk el ra'īsy (m) | الملاك الرئيسي |
| antéchrist (m) | el masīḥ el daggāl (m) | المسيح الدجّال |
| Église (f) | el kenīsa (f) | الكنيسة |
| Bible (f) | el ketāb el moqaddas (m) | الكتاب المقدّس |
| biblique (adj) | tawrāty | توراتي |
| Ancien Testament (m) | el 'aḥd el 'adīm (m) | العهد القديم |
| Nouveau Testament (m) | el 'aḥd el gedīd (m) | العهد الجديد |
| Évangile (m) | engīl (m) | إنجيل |
| Sainte Écriture (f) | el ketāb el moqaddas (m) | الكتاب المقدّس |
| Cieux (m pl) | el ganna (f) | الجنّة |
| commandement (m) | waṣiya (f) | وصيّة |
| prophète (m) | naby (m) | نبي |
| prophétie (f) | nobū'a (f) | نبوءة |
| Allah | allah (m) | الله |
| Mahomet | moḥammed (m) | محمّد |
| le Coran | el qor'ān (m) | القرآن |
| mosquée (f) | masged (m) | مسجد |
| mulla (m) | mullah (m) | ملا |
| prière (f) | ṣalāh (f) | صلاة |
| prier (~ Dieu) | ṣalla | صلّى |
| pèlerinage (m) | ḥagg (m) | حج |
| pèlerin (m) | ḥagg (m) | حاج |
| La Mecque | makka el mokarrama (f) | مكة المكرّمة |
| église (f) | kenīsa (f) | كنيسة |
| temple (m) | ma'bad (m) | معبد |
| cathédrale (f) | katedra'iya (f) | كاتدرائية |
| gothique (adj) | qūṭy | قوطي |
| synagogue (f) | kenīs (m) | كنيس |
| mosquée (f) | masged (m) | مسجد |
| chapelle (f) | kenīsa saɣīra (f) | كنيسة صغيرة |
| abbaye (f) | deyr (m) | دير |

| | | |
|---|---|---|
| couvent (m) | deyr (m) | دير |
| monastère (m) | deyr (m) | دير |
| cloche (f) | garas (m) | جرس |
| clocher (m) | borg el garas (m) | برج الجرس |
| sonner (vi) | da'' | دقّ |
| croix (f) | ṣalīb (m) | صليب |
| coupole (f) | 'obba (f) | قبّة |
| icône (f) | ramz (m) | رمز |
| âme (f) | nafs (f) | نفس |
| sort (m) (destin) | maṣīr (m) | مصير |
| mal (m) | ʃarr (m) | شرّ |
| bien (m) | χeyr (m) | خير |
| vampire (m) | maṣṣāṣ demā' (m) | مصّاص دماء |
| sorcière (f) | sāḥera (f) | ساحرة |
| démon (m) | ʃeṭān (m) | شيطان |
| esprit (m) | roḥe (m) | روح |
| rachat (m) | takfīr (m) | تكفير |
| racheter (pécheur) | kaffar ʿan | كفّر عن |
| office (m), messe (f) | qedās (m) | قداس |
| dire la messe | 'ām be χedma dīniya | قام بخدمة دينية |
| confession (f) | eʿterāf (m) | إعتراف |
| se confesser (vp) | eʿtaraf | إعترف |
| saint (m) | qeddīs (m) | قدّيس |
| sacré (adj) | moqaddas (m) | مقدّس |
| l'eau bénite | maya moqaddesa (f) |ماية مقدّسة |
| rite (m) | ʃaʿā'er (pl) | شعائر |
| rituel (adj) | ʃaʿā'ery | شعائري |
| sacrifice (m) | zabīḥa (f) | ذبيحة |
| superstition (f) | χorāfa (f) | خرافة |
| superstitieux (adj) | mo'men bel χorafāt (m) | مؤمن بالخرافات |
| vie (f) après la mort | aχra (f) | الآخرة |
| vie (f) éternelle | ḥayat el abadiya (f) | حياة الأبدية |

# DIVERS

## 198. Quelques mots et formules utiles

| | | |
|---|---|---|
| aide (f) | mosa'da (f) | مساعدة |
| arrêt (m) (pause) | estrāḥa (f) | إستراحة |
| balance (f) | tawāzon (m) | توازن |
| barrière (f) | ḥāgez (m) | حاجز |
| base (f) | asās (m) | أساس |
| catégorie (f) | fe'a (f) | فئة |
| cause (f) | sabab (m) | سبب |
| choix (m) | eχteyār (m) | إختيار |
| chose (f) (objet) | ḥāga (f) | حاجة |
| coïncidence (f) | ṣodfa (f) | صدفة |
| comparaison (f) | moqarna (f) | مقارنة |
| compensation (f) | ta'wīḍ (m) | تعويض |
| confortable (adj) | morīḥ | مريح |
| croissance (f) | nomoww (m) | نمو |
| début (m) | bedāya (f) | بداية |
| degré (m) (~ de liberté) | daraga (f) | درجة |
| développement (m) | tanmeya (f) | تنمية |
| différence (f) | far' (m) | فرق |
| d'urgence (adv) | be ʃakl 'āgel | بشكل عاجل |
| effet (m) | ta'sīr (m) | تأثير |
| effort (m) | mag-hūd (m) | مجهود |
| élément (m) | 'onṣor (m) | عنصر |
| exemple (m) | mesāl (m) | مثال |
| fait (m) | ḥa'ī'a (f) | حقيقة |
| faute, erreur (f) | χaṭa' (m) | خطأ |
| fin (f) | nehāya (f) | نهاية |
| fond (m) (arrière-plan) | χalefiya (f) | خلفية |
| forme (f) | ʃakl (m) | شكل |
| fréquent (adj) | motakarrer (m) | متكرّر |
| genre (m) (type, sorte) | nū' (m) | نوع |
| idéal (m) | mesāl (m) | مثال |
| labyrinthe (m) | matāha (f) | متاهة |
| mode (m) (méthode) | ṭarī'a (f) | طريقة |
| moment (m) | laḥza (f) | لحظة |
| objet (m) | mawḍū' (m) | موضوع |
| obstacle (m) | 'aqaba (f) | عقبة |
| original (m) | aṣl (m) | أصل |
| part (f) | goz' (m) | جزء |
| particule (f) | goz' (m) | جزء |

| | | |
|---|---|---|
| pause (f) | estrāḥa (f) | إستراحة |
| position (f) | mawqef (m) | موقف |
| principe (m) | mabda' (m) | مبدأ |
| problème (m) | moʃkela (f) | مشكلة |
| processus (m) | 'amaliya (f) | عمليّة |
| progrès (m) | ta'addom (m) | تقدّم |
| propriété (f) (qualité) | χaṣṣa (f) | خاصّة |
| réaction (f) | radd fe'l (m) | ردّ فعل |
| risque (m) | moχaṭra (f) | مخاطرة |
| secret (m) | serr (m) | سرّ |
| série (f) | selsela (f) | سلسلة |
| situation (f) | ḥāla (f), waḍ' (m) | حالة, وضع |
| solution (f) | ḥall (m) | حلّ |
| standard (adj) | 'ādy -qeyāsy | عادي, قياسي |
| standard (m) | 'eyās (m) | قياس |
| style (m) | oslūb (m) | أسلوب |
| système (m) | nezām (m) | نظام |
| tableau (m) (grille) | gadwal (m) | جدوَل |
| tempo (m) | eqā' (m) | إيقاع |
| terme (m) | moṣṭalaḥ (m) | مصطلح |
| tour (m) (attends ton ~) | dore (m) | دور |
| type (m) (~ de sport) | nū' (m) | نوع |
| urgent (adj) | mesta'gel | مستعجل |
| utilité (f) | manf'a (f) | منفعة |
| vérité (f) | ḥa'ī'a (f) | حقيقة |
| version (f) | ʃakl moχtalef (m) | شكل مختلف |
| zone (f) | mante'a (f) | منطقة |

www.ingramcontent.com/pod-product-compliance
Lightning Source LLC
LaVergne TN
LVHW051346080426
835509LV00020BA/3302
* 9 7 8 1 7 8 7 1 6 7 9 2 6 *